太空的见证

刘思扬　主编

新华社卫星新闻实验室　编著

新华社媒体融合生产技术与系统国家重点实验室
State Key Laboratory of Media Convergence Production Technology and Systems

江苏凤凰科学技术出版社 · 南京

图书在版编目（CIP）数据

太空的见证 / 刘思扬主编；新华社卫星新闻实验室编著. -- 南京：江苏凤凰科学技术出版社, 2022.9

ISBN 978-7-5713-3135-1

Ⅰ. ①太… Ⅱ. ①刘… ②新… Ⅲ. ①扶贫 – 成就 – 中国 Ⅳ. ①F126

中国版本图书馆CIP数据核字(2022)第156192号

太空的见证

主　　编	刘思扬	特约审稿	刘仁军
执行主编	钟昊熹	责任校对	仲　敏
编　　著	新华社卫星新闻实验室	责任监制	刘文洋
项目策划	萧　喆　左晓红	装帧设计	蒋佳佳
责任编辑	唐　仪　吴梦琪	信息图表设计	沈志良
	傅　昕　陆　洋	卫星数据来源	高分一号　高分二号　高景一号
科学顾问	吴一戎		风云四号气象卫星等对地观测卫星

出版发行　江苏凤凰科学技术出版社
出版社地址　南京市湖南路1号A楼，邮编：210009
出版社网址　http://www.pspress.cn
印　　刷　南京新世纪联盟印务有限公司

开　　本　889 mm × 1 194 mm　1/16
印　　张　17.25
字　　数　400 000
版　　次　2022年9月第1版
印　　次　2022年9月第1次印刷

标准书号　ISBN 978-7-5713-3135-1
审 图 号　GS (2022) 4832号
定　　价　168.00元

《太空的见证》编委会

主编

刘思扬

执行主编

钟昊熹

执行副主编

魏骅　程瑛　周锦帅　丁新珂

编者［排名不分先后］

肖东雁　周瑜　程婧　山旭　宋强　冯春　刘柳　张晓雪　乔柯　耿金

序

贫困，是一道困扰中国千年的难题。

新中国历经几代人的奋斗，已让 7 亿农村人口摆脱了贫困。但直到 2012 年，现行标准下，中国仍有 9 899 万贫困人口，占世界贫困人口的九分之一；还有近 10 万个行政村不通公路，3 917 个村不通电，8.3% 的农户居住在竹草土坯房。扶贫进入最艰难的攻坚阶段，必须找到每家每户的致贫原因，再针对性帮扶。

想要精准解决中国各地的贫困问题，首先要摸清所有贫困人口的真实情况，一项史无前例的贫困人口建档立卡工作，在 960 万平方公里的土地上展开，中国扶贫数据也第一次实现了到村、到户、到人。

2013 年，全国建档立卡贫困村达 12.8 万个。在中国共产党的带领下，全党执政体系的各层“链条”全面转动，向全国建档立卡贫困村，累计派出 25.5 万个驻村工作队，300 多万名第一书记和驻村干部。他们中有的人，永远留在了自己帮扶的村子（1 800 多人牺牲在扶贫岗位上）。

几年间，产业扶贫、教育扶贫、旅游扶贫、光伏扶贫、易地搬迁扶贫、生态扶贫……各种扶贫方式方法不断发挥出最大效能。截至 2020 年底，960 多万贫困人口搬离了“一方水土养不了一方人”的地区，农村贫困居民再也不用为住房安全担心；平整宽阔的水泥路，连通了中国所有的建制村；村村都有卫生室和村医；稳定电网覆盖所有农村地区，现代电器不再是遥不可及的奢侈品；互联网接入 98% 的贫困地区，为村民打开一扇联通世界的窗，也向世界展示他们生活的精彩；10.8 万所学校的办学条件得到改善，越来越多的孩子拥有了改变命运的机会。

2020 年 12 月 31 日，习近平总书记庄严宣布：历经 8 年，现行标准下，近 1 亿农村贫困人口全部脱贫。

如何记录这一“人间奇迹”？

在这场人类历史上规模空前、力度最大、惠及人口最多的脱贫攻坚战中，“三区三州”是事关中国能否全面建成小康社会的“关键之地”，也是最难啃的“硬骨头”。它涵盖了中国脱贫攻坚路上，几乎所有的难题。因而，我们便以“三区三州”脱贫攻坚为主题，依托媒体融合生产技术与系统国家重点实验室科研成果，融合运用卫星遥感、航空测绘、三维建模、基于真实地理信息的科学数据可视化等多种技术手段，用 12 颗卫星拍摄数百张遥感影像、10 万张无人机影像数据合成的 6 个航空测绘模型、33 个三维建模……将来自深度贫困堡垒“三区三州”的脱贫故事，融进“扶摇天地间”的视觉整体设计之中，带来一场大时空感知、全景式记录，以期带领广大读者重走这条布满泥泞与坎坷的“战贫之路”，铭记那段为梦想而奋斗的岁月。并向世人宣告：解开困扰千年的贫困难题，中国并未止步。在中国共产党的带领下，中国的奇迹，仍将继续。

本书编委会

扫一扫，收看中国首部卫星新闻纪录片《太空的见证》

2020 年 12 月 31 日，习近平总书记庄严宣布：历经 8 年，现行标准下，近 1 亿农村贫困人口全部脱贫。

如何记录这一“人间奇迹”？

新华社媒体融合生产技术与系统国家重点实验室融合运用卫星遥感、航空测绘、三维建模等多种技术手段，用 12 颗卫星拍摄数百张遥感影像、10 万张无人机影像数据合成的 6 个航空测绘模型、33 个三维建模，将来自深度贫困堡垒“三区三州”的脱贫故事，融进“扶摇天地间”的整体视觉设计之中，带来一场大时空感知、全景式记录。

目　录

起

征

途

漫

漫

中国特色减贫道路

2021 年 2 月 25 日，全国脱贫攻坚总结表彰大会庄严宣告：
我国脱贫攻坚战取得了全面胜利。
这是千百年来人们孜孜以求的日子；
这是无论雪域高原、戈壁沙漠，还是悬崖绝壁、大石山区的乡亲们，和他们息息相关的日子。
960 万平方千米大地上，每个人都是这场伟大史诗的参与者、见证者、书写者。
其作始也简，其将毕也必巨。
从 2012 年底拉开新时代脱贫攻坚序幕到这一天，历经 8 年多；
从 1978 年改革开放到这一天，历经 40 余年；
从 1949 年新中国成立到这一天，历经 70 余年；
从 1921 年中国共产党诞生到这一天，历经百年。
千年梦想，百年奋斗，一朝梦圆。

1921—

1921—

贫困是人类社会的顽疾，是全世界面临的共同挑战，也是一道困扰中国几千年的难题。一部中国史，就是一部中华民族同贫困作斗争的历史。几千年来，广大劳动人民长期处于贫困状态，饱经苦难的中国人民始终为摆脱贫困艰难求索。无奈 1840 年鸦片战争以后，由于封建统治的腐朽和西方列强的入侵，中国沦为半殖民地半封建社会，国家蒙辱、人民蒙难、文明蒙尘，中华民族遭受了前所未有的劫难，贫困愈加深重，其规模之大、分布之广、程度之深，世所罕见。

停靠在浙江嘉兴南湖湖心岛岸边的“红船”

新华社记者　黄深钢 · 摄

1921 年 7 月，中国共产党诞生。从诞生之日起，她就坚持把为中国人民谋幸福、为中华民族谋复兴确立为自己的初心使命，团结带领中国人民为创造自己的美好生活进行了长期艰辛奋斗。新民主主义革命时期，中国共产党团结带领广大农民进行土地革命、实行“耕者有其田”，推翻了帝国主义、封建主义和官僚资本主义三座大山，建立了人民当家作主的中华人民共和国，结束了中国人民长期以来遭受压迫与剥削的历史，结束了国家战乱频仍、四分五裂的局面，实现了民族独立和人民解放，为中国摆脱贫穷落后、实现中华民族伟大复兴创造了根本社会条件。

1949—

1949—

1949年10月1日，中华人民共和国成立，中国人民从此站立起来了，真正成为国家和社会的主人。面对一穷二白、百业凋敝的困难局面，中国共产党团结带领中国人民，自力更生、发愤图强，创造了社会主义革命和建设的伟大成就，确立了社会主义基本制度，实现了一穷二白、人口众多的东方大国大步迈进社会主义社会的伟大飞跃，初步满足了中国人民特别是农民的基本生活需求，为摆脱贫困、改善人民生活打下了坚实的基础，为实现中华民族伟大复兴奠定了根本政治前提和制度基础。

开国大典会场

新华社·发

土地改革史料：这是翻身农民在看政府颁发的土地执照

王纯德·摄

北京市郊区的农民，在中国共产党领导下，推翻了封建地主的土地制度，彻底获得了翻身，土地回到了农民手中。

1978—

1978—

1978 年 12 月，党的十一届三中全会开启了中国改革开放和社会主义现代化建设新时期。在这一时期，中国共产党团结带领人民实施了一系列大规模、有计划、有组织的扶贫开发，着力解放和发展社会生产力，释放农村活力，推动农村经济发展，促进了农民收入增加和观念更新，取得了前所未有的伟大成就。

北京市通县（今通州区）张家湾公社（今张家湾镇）的干部和社员认真学习党的十一届三中全会公报，决心为早日实现农业现代化贡献力量

新华社记者　郑书福 · 摄于 1978 年 12 月 24 日

1986 年，中国第一次制定扶贫标准，为 206 元，对应的贫困人口数量为 1.25 亿，主要解决温饱问题。

1982 年 12 月，“三西”（甘肃省河西地区、定西地区和宁夏回族自治区西海固地区）农业建设扶贫工程启动实施，在改革单纯救济式扶贫为开发式扶贫、集中力量实施片区开发、易地搬迁扶贫、扶贫开发与生态建设相结合等方面进行了成功探索。1986 年 5 月，中国国务院成立了贫困地区经济开发领导小组，作为专门的扶贫开发领导机构，确立了以县为对象的瞄准机制，确定了扶贫标准、重点片区和贫困县，中国扶贫开发进入历史新时期。

1994—

1994—

1994 年 3 月，国务院印发《国家八七扶贫攻坚计划（1994—2000 年）》，将国家级贫困县调整到 592 个，将扶贫标准由 1986 年的 206 元提高到 500 元，提出力争用 7 年左右的时间，基本解决当时全国农村 8 000 万贫困人口的温饱问题。这是新中国历史上第一个有明确目标、明确对象、明确措施和明确期限的全国扶贫开发工作纲领。2000 年底，“八七扶贫攻坚计划”的目标基本实现，按照当时的扶贫标准，中国农村贫困人口减少到 3 209 万人，贫困发生率降低到 3.5%。

贫困发生率，又称“贫困人口指数”，是指一个国家或地区生活在贫困线以下的贫困人口数量占总人口之比。

1994 年 2 月 28 日，全国扶贫开发工作会议在北京举行

新华社记者　刘建国 · 摄

2001—

进入21世纪，中国农村贫困人口分布逐渐从国家级贫困县区域向村级区域集中，中国的扶贫开发也进入到“整村推进”式扶贫阶段。

2001年，中共中央召开扶贫开发工作会议，国务院印发《中国农村扶贫开发纲要（2001—2010年）》，提出“尽快解决少数贫困人口温饱问题，进一步改善贫困地区的基本生产生活条件，巩固温饱成果，提高贫困人口的生活质量和综合素质，加强贫困乡村的基础设施建设，改善生态环境，逐步改变贫困地区经济、社会、文化的落后状况，为达到小康水平创造条件”。2002年11月，中国共产党第十六次全国代表大会召开，确定了全面建设小康社会的奋斗目标。中共中央对扶贫工作重点与瞄准对象作出重大调整，把中西部地区作为扶贫工作重点区域，选定15万个贫困村作为扶贫对象，实施参与式“整村推进”扶贫。

2005年12月29日，第十届全国人民代表大会常务委员会第十九次会议决定，自2006年1月1日起废止《中华人民共和国农业税条例》。由此，国家不再针对农业单独征税，一个在中国存在两千多年的古老税种宣告终结。同时，随着新型农村合作医疗等一系列农村社会保障制度的建立，农民负担重的状况得到根本性改变。

参与式扶贫受到农民欢迎

新华社记者　汪永基 · 摄

2004年5月24日，甘肃省秦安县刘坪乡任吴村的王大爷站在“扶贫开发参与式整村推进项目公示栏”前。当地政府实施集中开发扶贫、群众主动参与选择项目和多次滚动发展的“参与式整村推进”办法，240名村民投票选择了村小学建设、日光温室蔬菜种植和优质林果园、乡村公路等6个扶贫项目，使扶贫资金得到合理使用，村民有望走上致富路。

2011—

2011—

2011 年，中共中央召开扶贫开发工作会议，中共中央、国务院印发《中国农村扶贫开发纲要（2011—2020 年）》。中国的扶贫开发，从以解决温饱为主要任务的阶段，转入巩固温饱成果、加快脱贫致富、改善生态环境、提高发展能力、缩小发展差距的新阶段。当年，中国将扶贫标准由 2001 年的 865 元提高到 2 300 元。在新的扶贫标准下，中国贫困人口为 1.22 亿。

2011 年 8 月 14 日，安徽亳州的许张氏老人展示当地民政部门为她和儿子办理的低保证和城镇居民医疗证

新华社 · 发

2012—

2012—

2012年11月，习近平当选中共中央总书记。那一刻，他接过手的，是这个国家几代人持续奋斗的任务——摆脱贫困。

新中国历经几代人的奋斗，实现了从高度集中的计划经济体制到充满活力的社会主义市场经济体制、从封闭半封闭到全方位开放的历史性转变，实现了从生产力相对落后的状况到经济总量跃居世界第二的历史性突破，实现了人民生活从温饱不足到总体小康、奔向全面小康的历史性跨越。但直到2012年，由于提高了国家扶贫标准，中国仍有9 899万贫困人口，占世界贫困人口的九分之一，还有近10万个行政村不通公路，3 917个村不通电，8.3%的农户居住在竹草土坯房。剩余贫困人口大都是贫中之贫、困中之困，是最难啃的硬骨头，如何让这近1亿贫困群众摆脱绝对贫困？以习近平同志为核心的中共中央，把人民对美好生活的向往作为奋斗目标，把贫困人口全部脱贫作为全面建成小康社会、实现第一个百年奋斗目标的底线任务和标志性指标，明确到2020年现行标准下农村贫困人口实现脱贫、贫困县全部摘帽、解决区域性整体贫困的目标任务，作出一系列重大部署和安排。习近平总书记亲自挂帅、亲自出征、亲自督战，带领全国各族人民全面打响脱贫攻坚战。

2012年11月14日，中国共产党第十八次全国代表大会闭幕会在北京人民大会堂举行

新华社记者　兰红光·摄

2012年12月29日至30日，党的十八大后，习近平总书记考察扶贫首站，选择了河北阜平。他顶风冒雪，来到阜平县骆驼湾村和顾家台村。“要看就要真看，看真贫。”他强调，“全面建成小康社会，最艰巨最繁重的任务在农村，特别是在贫困地区。没有农村的小康，特别是没有贫困地区的小康，就没有全面建成小康社会。”阜平之行，总书记精准扶贫方略中“帮扶谁”“谁来帮”“怎么帮”“如何退”等问题已有谋划。

2013—

2013——

2013年底，经过一整年的调研和思考，习近平总书记发现，扶贫进入最艰难的攻坚阶段，必须找到每家每户的致贫原因，再进行针对性帮扶。2013年11月3日，总书记来到湖南省湘西土家族苗族自治州花垣县十八洞村考察，首次提出“精准扶贫”的重要理念，要求“不栽盆景，不搭风景”，探索“可复制、可推广”的脱贫经验。此后，党中央、国务院对精准扶贫战略和政策体系进行顶层设计，正式把精准扶贫、精准脱贫作为扶贫开发的基本方略。

想要精准解决中国各地的贫困问题，首先要摸清所有贫困人口的真实情况，精准识别贫困人口。一项史无前例的贫困人口建档立卡工作，随即在960万平方千米的土地上展开。历时一年半，基本完成了全国贫困人口建档立卡工作，中国扶贫数据第一次实现了到村、到户、到人。2014年，中国组织80多万人识别贫困人口8 962万；2015年，又组织200多万人开展“回头看”，剔除识别不准的贫困人口929万，新识别补录807万。同时，还确定集中连片特困地区14个，贫困县832个，贫困村12.8万个。

贫困人口精准识别出来后，精准施策成为关键。按照因地制宜、因村因户因人施策的要求，“五个一批”工程呼之即出。

建档立卡，指的是为所有贫困户建立家庭档案。在家庭档案的基础上，建成全国统一、囊括近亿人、动态更新的扶贫信息管理系统。它被比喻为“鱼鳞册”，为精准扶贫提供了基础支撑。

“五个一批”工程：一是发展生产脱贫一批，引导和支持所有有劳动能力的人依靠自己的双手开创美好明天，立足当地资源，实现就地脱贫；二是易地搬迁脱贫一批，贫困人口很难实现就地脱贫的实施易地搬迁；三是生态补偿脱贫一批，加大贫困地区生态保护修复力度，增加重点生态功能区转移支付，扩大政策实施范围，让有劳动能力的贫困人口就地转成护林员等生态保护人员；四是发展教育脱贫一批，治贫先治愚，扶贫先扶智，国家教育经费继续向贫困地区倾斜、向基础教育倾斜、向职业教育倾斜，帮助贫困地区改善办学条件，对农村贫困家庭幼儿特别是留守儿童给予特殊关爱；五是社会保障兜底一批，对贫困人口中完全或部分丧失劳动能力的人，由社会保障来兜底，统筹协调农村扶贫标准和农村低保标准，加大其他形式的社会救助力度。加强医疗保险和医疗救助，新型农村合作医疗和大病保险政策对贫困人口倾斜。高度重视革命老区脱贫攻坚工作。

这是 2020 年 6 月 29 日拍摄的湖南湘西土家族苗族自治州花垣县十八洞村栗子寨

新华社记者　陈思汗 · 摄

2015—

2015—

2015 年 11 月，习近平总书记在北京主持召开“史上最高规格”的中央扶贫开发工作会议，中西部 22 个省区市党政主要负责同志向中央签署了脱贫攻坚责任书。总书记在会上拿了一份责任书说，这就是“军令状”，就要兑现我们的这个承诺。这句话，也是总书记对自己说的。在他的带领下，中国共产党执政体系的各层“链条”全面转动。全国累计派出 25.5 万个驻村工作队，300 多万名第一书记和驻村干部。他们中有的人，永远留在了自己帮扶的村子（1 800 多人牺牲在扶贫岗位上）。

总书记没有停下脚步，几年间，他顶风雪、冒酷寒、踏泥泞，翻山越岭、跋山涉水，走遍全国 14 个集中连片特困地区，寻找“贫根”，对症下药。产业扶贫、教育扶贫、旅游扶贫、光伏扶贫、易地搬迁扶贫、生态扶贫……各种扶贫方式方法不断发挥出最大效能。

易地搬迁奔小康：广西大化瑶族自治县贡川乡红柳村在实施“整村推进”扶贫开发工作后的新貌（2015年7月7日摄）

新华社记者　黄孝邦 · 摄

2020

2020—

2019年底，中国贫困县减少至52个，农村贫困人口减少至551万人，距离彻底摆脱贫困只有一步之遥。然而，2020年初，突如其来的新冠肺炎疫情给中国和世界经济造成前所未有的困境。当很多人都以为中国的脱贫目标不得不延期时，习近平总书记选择了一条更艰难的路。

2020年3月初，总书记在北京主持召开决战决胜脱贫攻坚座谈会，进行再部署、再动员。他强调农村贫困人口全部脱贫“必须如期实现。这是一场硬仗，越到最后越要紧绷这根弦，不能停顿、不能大意、不能放松”。这次大规模会议一直开到县级。2020年，国家财政的收支形势较为严峻，但总书记明确指出，资金投入是保障。这一年，中央财政的专项扶贫资金不降反增，达到了1461亿元，一次性脱贫攻坚补短板的资金300亿元。中国最高领导人的决心迅速向下传递，全社会都加入脱贫攻坚的决战中来。

2021年2月25日，习近平总书记在全国脱贫攻坚总结表彰大会上庄严宣告中国脱贫攻坚战取得了全面胜利，完成了消除绝对贫困的艰巨任务，创造了又一个彪炳史册的人间奇迹。

至此，中国共产党团结带领中国人民实现了第一个百年奋斗目标，书写了中华民族几千年历史上最恢宏的史诗。中国共产党和中国人民以英勇顽强的奋斗向世界庄严宣告，中华民族迎来了从站起来、富起来到强起来的伟大飞跃，实现中华民族伟大复兴进入了不可逆转的历史进程！

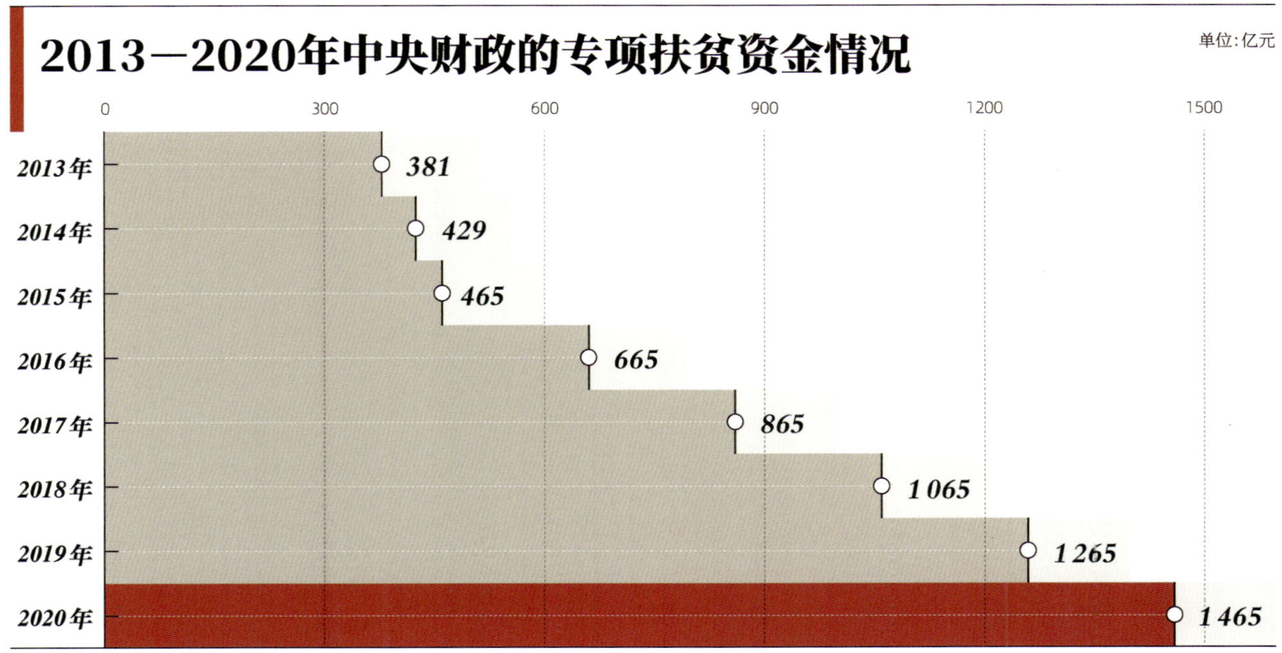

扶贫数字

98 990 000 名
农村贫困人口脱贫

= 1 000 000人

255 000 个
驻村工作队

>3 000 000 名
第一书记和驻村干部

近 2 000 000 名
奋战在扶贫一线的乡镇干部

289 800 名
科技特派员

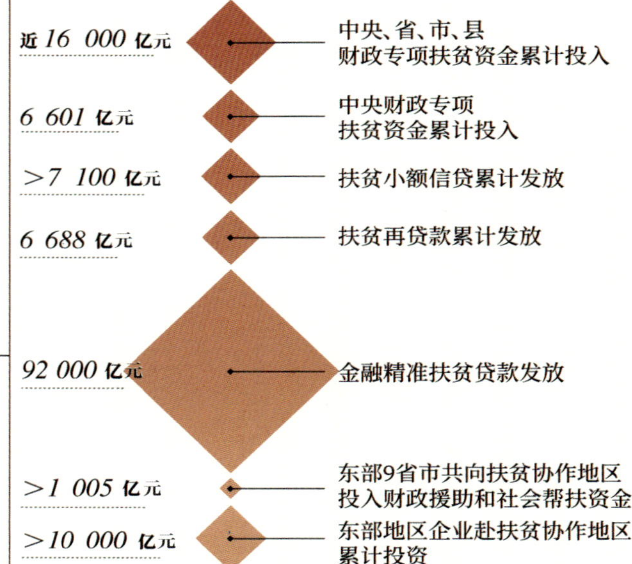

摘帽贫困县数量:832个

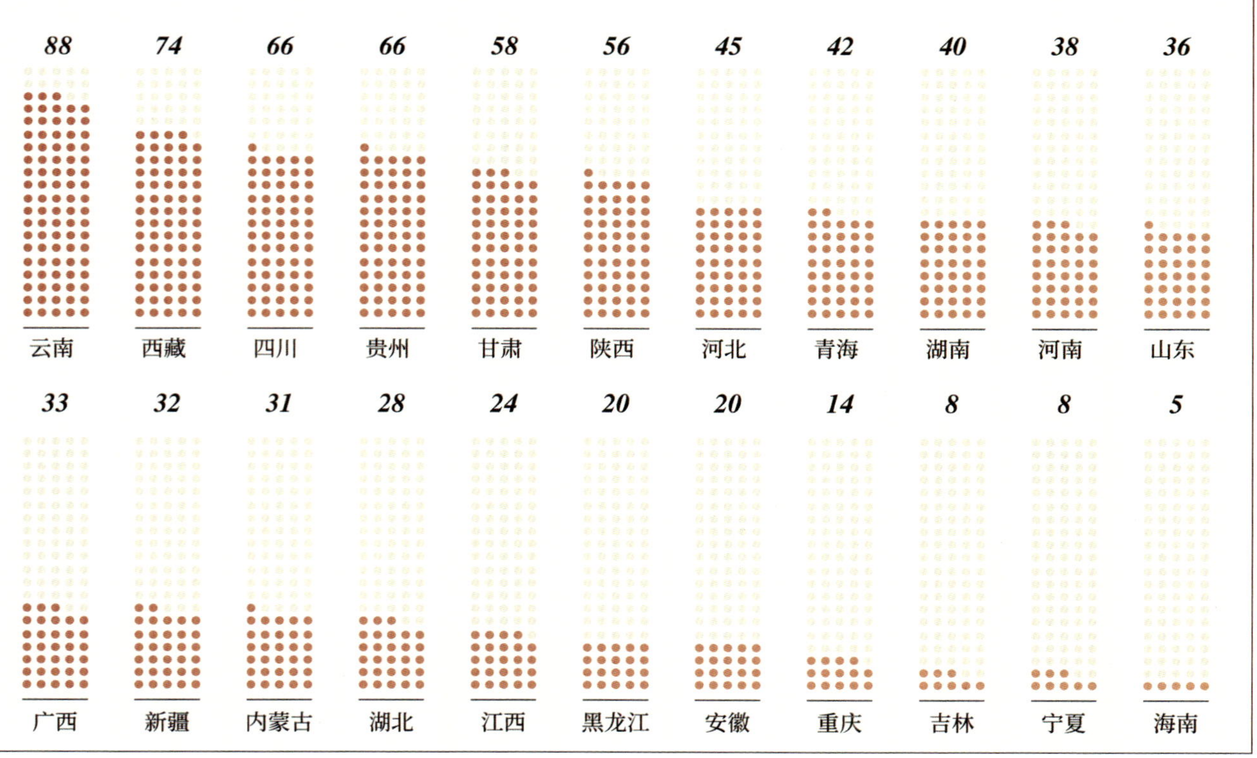

2021 年 2 月 25 日，全国脱贫攻坚总结表彰大会在北京人民大会堂隆重举行

新华社记者　李响 · 摄

用数字说话

党的十八大以来，经过 8 年持续奋斗，到 2020 年底，中国如期完成新时代脱贫攻坚目标任务。8 年来，960 万贫困人口搬离了“一方水土养不了一方人”的地区，农村贫困居民再也不用为住房安全担心；平整宽阔的水泥路，连通了中国所有的建制村；村村都有卫生室和村医；稳定电网覆盖所有农村地区，现代电器不再是遥不可及的奢侈品；互联网接入 98% 的贫困地区，为村民打开一扇联通世界的窗，也向世界展示他们生活的精彩；10.8 万所学校的办学条件得到改善，越来越多的孩子拥有了改变命运的机会。

全国 832 个贫困县在各省份的数量分布

2013年以来扶贫成果

128 000 个出列贫困村

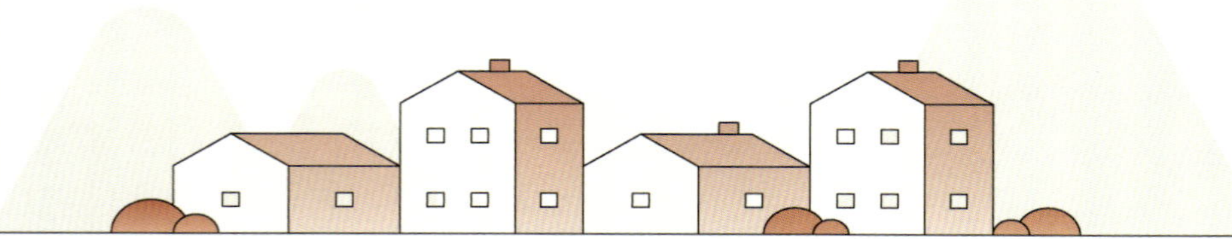

贫困地区农村居民人均可支配收入（单位：元）

年份	收入
2013	6 079
2020	12 588

保障

全国农村低保标准（元/每人每年）

年份	标准
2012	2 068
2020	5 962

19 360 000 人

贫困人口纳入农村低保或特困救助供养政策

= 500 000人

60 980 000 人

贫困人口参加城乡居民基本养老保险

= 500 000人

建设

1 100 000 千米

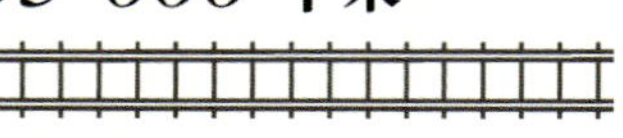

贫困地区新改建公路（截至2020年底）

35 000 千米

贫困地区新增铁路里程（截至2020年底）

80 290 000 亩

2016年以来贫困地区新增和改善农田有效灌溉面积

= 1 000 000亩

约**35 000** 个

易地扶贫搬迁集中安置区建成

>9 600 000 人

易地搬迁贫困人口

= 500 00

各类产业基地在贫困地区建成

>300 000个

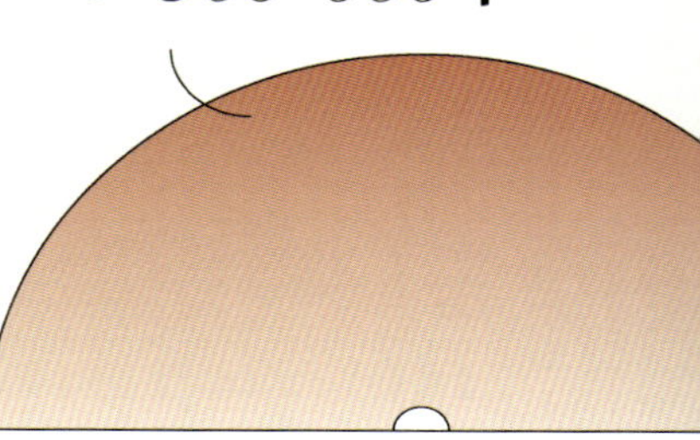

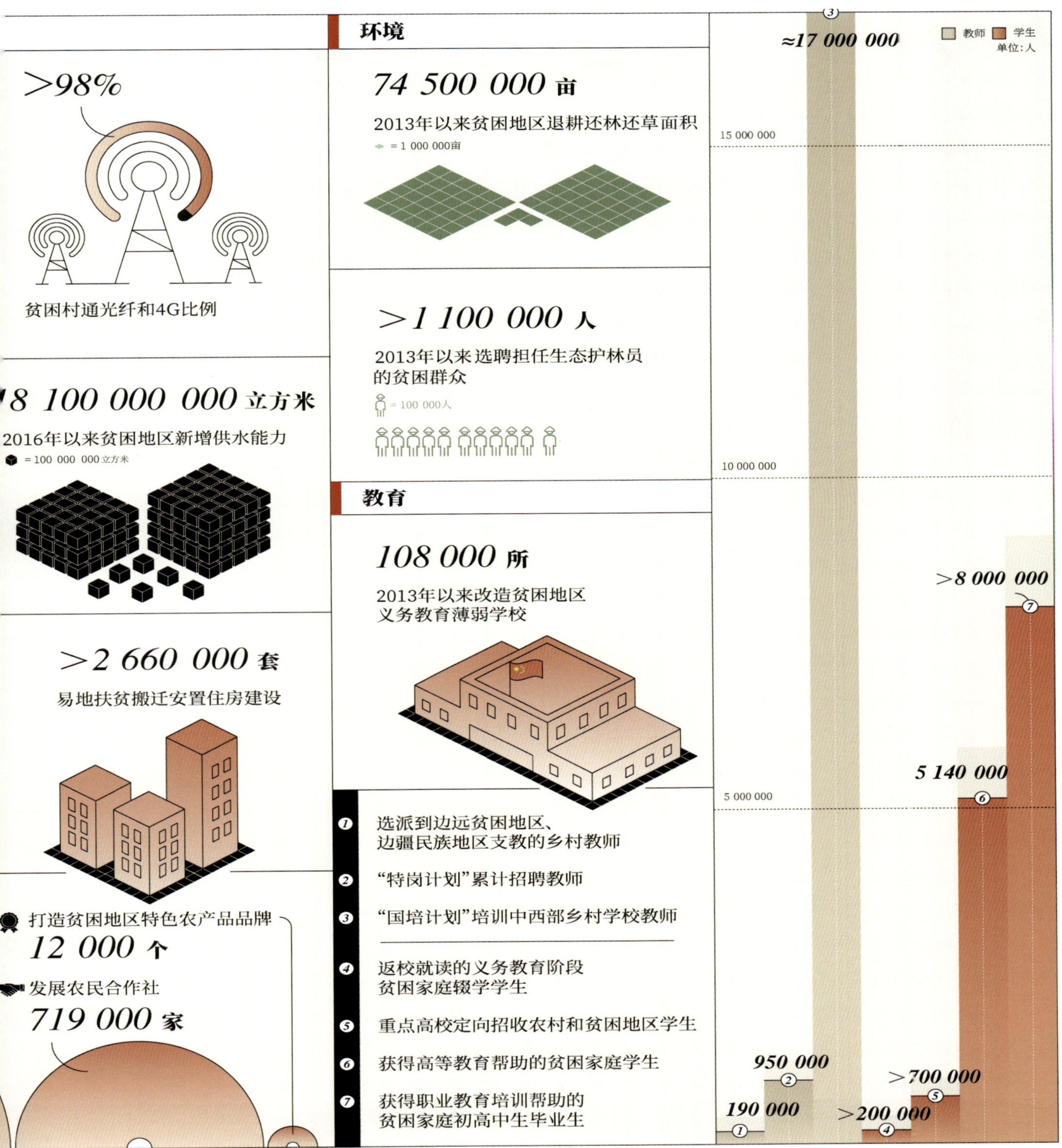

>98%
贫困村通光纤和4G比例
8 100 000 000 立方米
2016年以来贫困地区新增供水能力
= 100 000 000 立方米
>2 660 000 套
易地扶贫搬迁安置住房建设
打造贫困地区特色农产品品牌
12 000 个
发展农民合作社
719 000 家
环境
74 500 000 亩
2013年以来贫困地区退耕还林还草面积
= 1 000 000亩
>1 100 000 人
2013年以来选聘担任生态护林员的贫困群众
= 100 000人
教育
108 000 所
2013年以来改造贫困地区义务教育薄弱学校
1 选派到边远贫困地区、边疆民族地区支教的乡村教师
2 "特岗计划"累计招聘教师
3 "国培计划"培训中西部乡村学校教师
4 返校就读的义务教育阶段贫困家庭辍学学生
5 重点高校定向招收农村和贫困地区学生
6 获得高等教育帮助的贫困家庭学生
7 获得职业教育培训帮助的贫困家庭初高中生毕业生
教师 学生
单位:人
15 000 000
10 000 000
5 000 000
≈17 000 000
>8 000 000
5 140 000
950 000
190 000
>700 000
>200 000

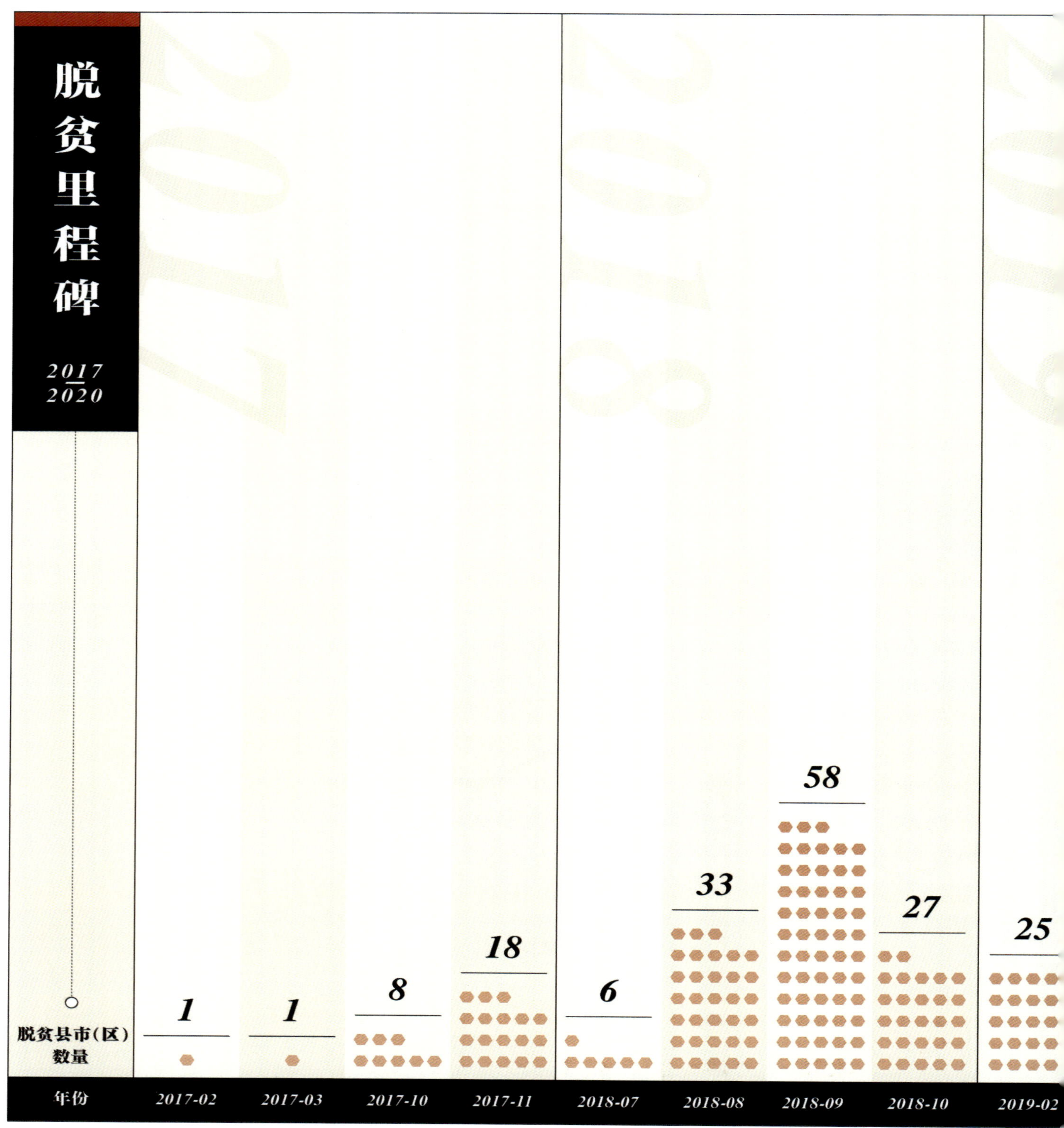
脱贫里程碑
2017
2020
脱贫县市(区)数量
年份
1
2017-02
1
2017-03
8
2017-10
18
2017-11
6
2018-07
33
2018-08
58
2018-09
27
2018-10
25
2019-02

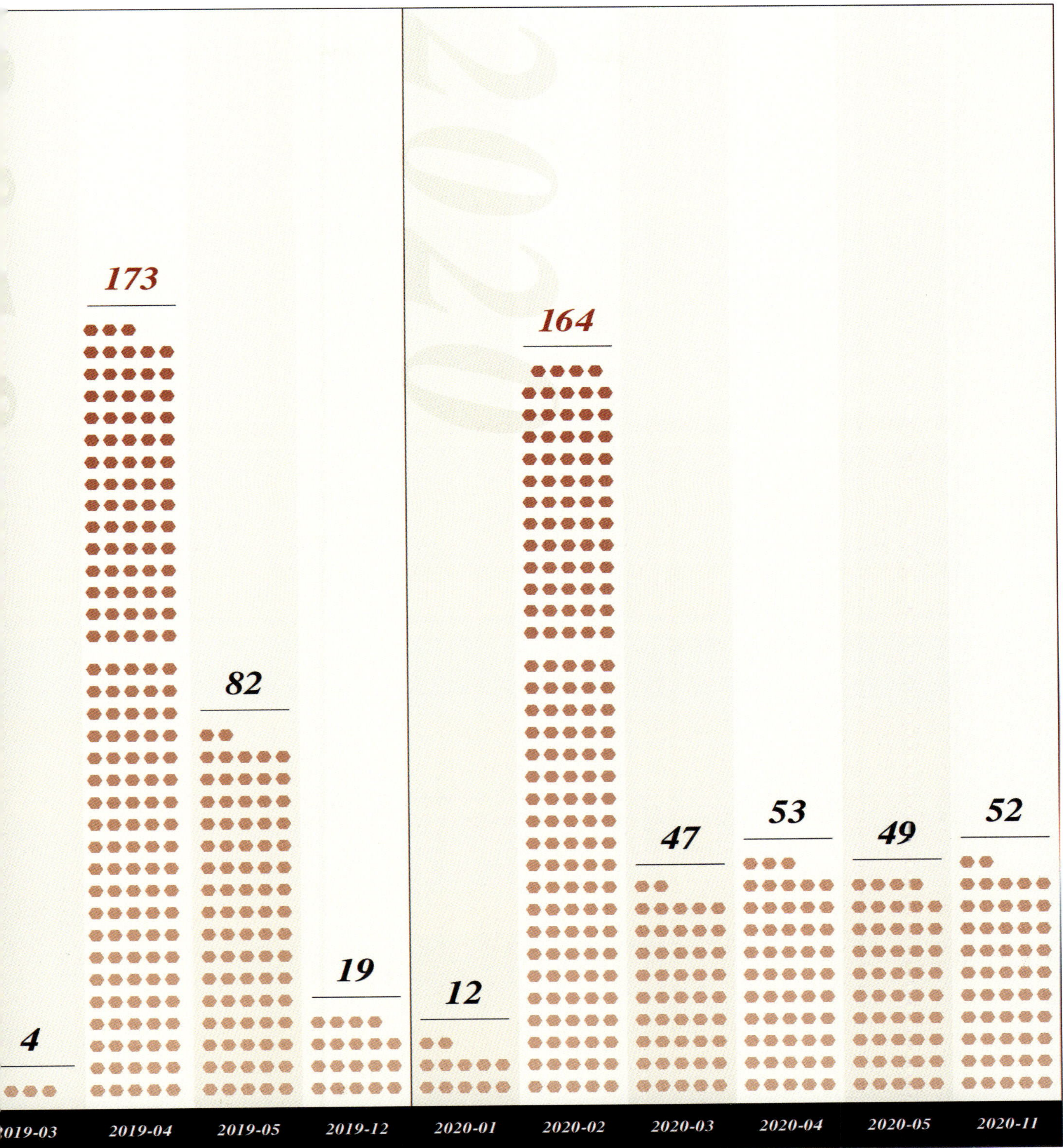
4
173
82
19
12
164
47
53
49
52
019-03
2019-04
2019-05
2019-12
2020-01
2020-02
2020-03
2020-04
2020-05
2020-11

脱贫时间	脱贫地区
2017-02	江　西：井冈山市
2017-03	河　南：兰考县
2017-10	江　西：吉安县 四　川：南部县、广安区 贵　州：赤水市 青　海：同德县、河南蒙古族自治县、都兰县 河　南：滑县
2017-11	新　疆：青河县、托里县、民丰县、察布查尔锡伯自治县、巴里坤哈萨克自治县 西　藏：亚东县、巴宜区、城关区、乃东区、卡若区 河　北：望都县、海兴县、南皮县 重　庆：秀山土家族苗族自治县、黔江区、武隆区、丰都县、万州区
2018-07	江　西：永新县、横峰县、万安县、瑞金市、上饶县（今广信区）、广昌县
2018-08	河　南：新县、沈丘县、新蔡县 四　川：巴州区、马尔康市、北川羌族自治县、嘉陵区、汶川县、茂县、理县、仪陇县、泸定县、沐川县 湖　南：中方县、茶陵县、炎陵县、石门县、桂东县 湖　北：红安县、神农架林区 山　西：右玉县、中阳县、吉县 广　西：龙州县

黑龙江：饶河县、抚远市、富裕县、甘南县、望奎县

内蒙古：林西县

重　庆：开州区、巫山县、云阳县

2018-09

贵　州：黔西县（今黔西市）、桐梓县、西秀区、湄潭县、龙里县、凤冈县、江口县、玉屏侗族自治县、瓮安县、习水县、万山区、碧江区、兴仁市、平坝区

宁　夏：盐池县

青　海：刚察县、乌兰县、循化撒拉族自治县、平安区、格尔木市、德令哈市、天峻县

甘　肃：正宁县、合作市、崆峒区、皋兰县、临夏市、两当县

河　北：易县、平乡县、威县、青龙满族自治县、武邑县、平泉市、饶阳县、魏县、平山县、阜城县、盐山县

云　南：鹤庆县、勐海县、罗平县、寻甸回族彝族自治县、芒市、巍山彝族回族自治县、牟定县、宾川县、石屏县、宁洱哈尼族彝族自治县、祥云县、姚安县、云县、玉龙纳西族自治县、洱源县

陕　西：横山区、定边县、延长县、佛坪县

2018-10

西　藏：丁青县、类乌齐县、墨竹工卡县、当雄县、白朗县、定结县、比如县、曲水县、康马县、噶尔县、米林县、加查县、林周县、琼结县、堆龙德庆区、桑日县、工布江达县、达孜区、尼木县、错那县、聂拉木县、波密县、洛扎县、曲松县、吉隆县

新　疆：吉木乃县、尼勒克县

2019-02

西　藏：边坝县、嘉黎县、定日县、仲巴县、隆子县、札达县、洛隆县、日土县、桑珠孜区、普兰县、墨脱县、浪卡子县、昂仁县、班戈县、贡嘎县、扎囊县、岗巴县、朗县、安多县、索县、察隅县、江达县、措美县、聂荣县、仁布县

2019-03

湖　南：安仁县、宜章县、平江县、汝城县

新　疆：乌恰县、泽普县、阿合奇县

湖　南：辰溪县、会同县、新晃侗族自治县、武冈市、绥宁县、新邵县、江华瑶族自治县、靖州苗族侗族自治县、安化县、芷江侗族自治县、慈利县

山　西：繁峙县、保德县、岚县、隰县、神池县、方山县、左权县、平陆县、岢岚县、阳高县、武乡县、娄烦县、和顺县、河曲县、五寨县、灵丘县、云州区

内蒙古：阿尔山市、科尔沁右翼中旗、喀喇沁旗、巴林右旗、扎赉特旗、科尔沁左翼后旗、苏尼特右旗、察哈尔右翼后旗、宁城县、武川县

贵　州：丹寨县、普定县、三穗县、大方县、惠水县、雷山县、道真仡佬族苗族自治县、盘州市、贵定县、印江土家族苗族自治县、务川仡佬族苗族自治县、麻江县、施秉县、镇宁布依族苗族自治县、石阡县、六枝特区、镇远县、安龙县

广　西：富川瑶族自治县、西林县、龙胜各族自治县、金秀瑶族自治县、田东县、宁明县、田阳区、资源县、大新县

宁　夏：隆德县、彭阳县、泾源县

海　南：保亭黎族苗族自治县、琼中黎族苗族自治县

吉　林：和龙市、龙井市、镇赉县

甘　肃：玛曲县、碌曲县、徽县、夏河县、卓尼县、迭部县、泾川县、景泰县、甘谷县、灵台县、成县、榆中县、永登县、武山县

江　西：会昌县、安远县、上犹县、莲花县、石城县、乐安县、寻乌县、南康区、遂川县、余干县

重　庆：奉节县、石柱土家族自治县

湖　北：宣恩县、罗田县、来凤县、阳新县、英山县、团风县、秭归县、保康县、鹤峰县、丹江口市

安　徽：舒城县、潜山市、砀山县、灵璧县、利辛县、寿县、颍上县、岳西县、泗县、宿松县、裕安区

四　川：小金县、康定市、九寨沟县、青川县、九龙县、乡城县、红原县、丹巴县、平武县、稻城县、昭化区、若尔盖县、金川县、南江县、朝天区、松潘县、阆中市

云　南：德钦县、景谷傣族彝族自治县、勐腊县、绥江县、富源县、威信县、耿马傣族佤族自治县、盈江县、漾濞彝族自治县、永仁县、昌宁县、西畴县、砚山县、双柏县、孟连傣族拉祜族佤族自治县、师宗县、禄劝彝族苗族自治县、大姚县、沧源佤族自治县、南涧彝族自治县、临翔区、陇川县、泸西县、香格里拉市、永平县、西盟佤族自治县、镇沅彝族哈尼族拉祜族自治县、凤庆县、东川区、双江拉祜族佤族布朗族傣族自治县、龙陵县、镇康县、南华县

2019-05

黑龙江：泰来县、龙江县、明水县、绥滨县、桦南县、同江市、桦川县、兰西县、克东县、汤原县

河　北：武强县、赞皇县、灵寿县、曲阳县、新河县、巨鹿县、崇礼区、临城县、顺平县、宣化区、唐县、大名县、行唐县、涞水县、承德县、滦平县、万全区、广宗县

陕　西：延川县、宜君县、淳化县、千阳县、米脂县、宜川县、永寿县、太白县、澄城县、镇安县、周至县、留坝县、旬邑县、扶风县、吴堡县、长武县、麟游县、陇县、镇坪县、合阳县、绥德县、富平县、蒲城县

河　南：商水县、封丘县、宁陵县、潢川县、商城县、郸城县、淮阳县（今淮阳区）、光山县、民权县、内乡县、柘城县、镇平县、太康县、睢县、栾川县、洛宁县、固始县、宜阳县、虞城县

青　海：门源回族自治县、祁连县、贵南县、湟中县（今湟中区）、大通回族土族自治县、玉树市、互助土族自治县、兴海县、湟源县、海晏县、玛多县、称多县

2019-12

西　藏：八宿县、芒康县、萨嘎县、改则县、贡觉县、江孜县、谢通门县、左贡县、巴青县、措勤县、察雅县、革吉县、尼玛县、双湖县、色尼区、南木林县、萨迦县、拉孜县、申扎县

2020-01

新　疆：疏附县、喀什市、和田县、疏勒县、柯坪县、塔什库尔干塔吉克自治县、乌什县、麦盖提县、巴楚县、岳普湖县、和田市、阿图什市

2020-02

四　川：木里藏族自治县、巴塘县、平昌县、叙永县、得荣县、理塘县、马边彝族自治县、新龙县、剑阁县、黑水县、雅江县、屏山县、万源市、壤塘县、白玉县、色达县、苍溪县、石渠县、阿坝县、德格县、甘孜县、宣汉县、盐源县、古蔺县、炉霍县、道孚县、通江县、雷波县、甘洛县、旺苍县

重　庆：彭水苗族土家族自治县、酉阳土家族苗族自治县、城口县、巫溪县

黑龙江：延寿县、海伦市、青冈县、林甸县、拜泉县

河　南：嵩县、南召县、上蔡县、淅川县、淮滨县、桐柏县、平舆县、卢氏县、鲁山县、范县、社旗

县、台前县、确山县、汝阳县

山　西：浑源县、汾西县、大宁县、五台县、代县、广灵县、天镇县、临县、静乐县、宁武县、偏关县、石楼县、兴县、永和县、壶关县、平顺县

海　南：白沙黎族自治县、临高县、五指山市

陕　西：略阳县、城固县、商州区、旬阳县（今旬阳市）、西乡县、白河县、宁强县、柞水县、洛南县、清涧县、勉县、紫阳县、岚皋县、宁陕县、汉阴县、洋县、佳县、山阳县、镇巴县、耀州区、白水县、丹凤县、南郑区、汉滨区、子洲县、石泉县、平利县、商南县、印台区

甘　肃：康乐县、渭源县、和政县、麦积区、古浪县、武都区、永靖县、靖远县、舟曲县、文县、清水县、合水县、庆城县、天祝藏族自治县、安定区、临潭县、临洮县、秦安县、静宁县、积石山保安族东乡族撒拉族自治县、康县、陇西县、张家川回族自治县、庄浪县、环县、宁县、漳县、广河县、会宁县、华池县

湖　南：桑植县、花垣县、泸溪县、新田县、龙山县、沅陵县、凤凰县、洞口县、隆回县、古丈县、永顺县、保靖县、新宁县、溆浦县、城步苗族自治县、涟源市、邵阳县、新化县、通道侗族自治县、麻阳苗族自治县

河　北：康保县、尚义县、阳原县、沽源县、蔚县、张北县、围场满族蒙古族自治县、怀安县、阜平县、赤城县、隆化县、涞源县、丰宁满族自治县

2020-03

贵　州：独山县、黄平县、松桃苗族自治县、剑河县、黎平县、水城县（今水城区）、贞丰县、德江县、七星关区、关岭布依族苗族自治县、锦屏县、三都水族自治县、天柱县、普安县、平塘县、岑巩县、荔波县、长顺县、织金县、正安县、台江县、册亨县、思南县、罗甸县

宁　夏：同心县、海原县、原州区

内蒙古：突泉县、阿鲁科尔沁旗、兴和县、正镶白旗、敖汉旗、察哈尔右翼前旗、卓资县、科尔沁左翼中旗、鄂伦春自治旗、翁牛特旗、巴林左旗、莫力达瓦达斡尔族自治旗、科尔沁右翼前旗、太仆寺旗、商都县、四子王旗、奈曼旗、库伦旗、化德县、察哈尔右翼中旗

2020-04

吉　林：汪清县、通榆县、靖宇县、安图县、大安市

青　海：贵德县、达日县、乐都区、化隆回族自治县、囊谦县、治多县、民和回族土族自治县、泽库县、玛沁县、曲麻莱县、共和县、尖扎县、班玛县、杂多县、久治县、同仁市、甘

德县

湖　北：建始县、巴东县、大悟县、五峰土家族自治县、麻城市、蕲春县、房县、利川市、竹溪县、孝昌县、长阳土家族自治县、咸丰县、郧西县、郧阳区、恩施市、竹山县

江　西：于都县、鄱阳县、宁都县、赣县区、兴国县、修水县

安　徽：太湖县、临泉县、阜南县、颍东区、萧县、石台县、望江县、霍邱县、金寨县

2020-05

青　海：茫崖市、大柴旦行委

广　西：德保县、环江毛南族自治县、东兰县、靖西市、天等县、田林县、融安县、隆安县、马山县、昭平县、巴马瑶族自治县、凌云县、上林县、忻城县、凤山县

云　南：昭阳区、墨江哈尼族自治县、宣威市、云龙县、红河县、丘北县、金平苗族瑶族傣族自治县、隆阳区、绿春县、元阳县、永德县、贡山独龙族怒族自治县、鲁甸县、剑川县、江城哈尼族彝族自治县、景东彝族自治县、麻栗坡县、永善县、大关县、马关县、富宁县、维西傈僳族自治县、武定县、盐津县、文山市、永胜县、梁河县、弥渡县、巧家县、施甸县、彝良县

2020-11

云　南：广南县、镇雄县、屏边苗族自治县、泸水市、会泽县、福贡县、宁蒗彝族自治县、兰坪白族普米族自治县、澜沧拉祜族自治县

新　疆：伽师县、英吉沙县、墨玉县、皮山县、叶城县、于田县、莎车县、阿克陶县、策勒县、洛浦县

四　川：昭觉县、美姑县、金阳县、普格县、布拖县、越西县、喜德县

宁　夏：西吉县

广　西：三江侗族自治县、融水苗族自治县、罗城仫佬族自治县、都安瑶族自治县、那坡县、隆林各族自治县、大化瑶族自治县、乐业县

甘　肃：通渭县、西和县、镇原县、东乡族自治县、宕昌县、岷县、礼县、临夏县

贵　州：望谟县、晴隆县、从江县、威宁彝族回族苗族自治县、赫章县、榕江县、紫云苗族布依族自治县、沿河土家族自治县、纳雍县

承
决战之地

“三区三州”

青藏高原及边缘地带，
中国深度贫困的“三区三州”主要分布于此，
跨越西藏、新疆、甘肃、青海、四川、云南六省区。
东西横跨约 2 600 千米，
南北绵延约 1 900 千米，
这是中国脱贫攻坚的决战之地。
生态环境脆弱，
自然灾害频发，
贫困人口集中，
被习近平总书记称为“短板中的短板，硬仗中的硬仗”。
大自然造就的贫困基因如何改变？
卫星从太空持续观察，
见证这场铭刻大地上的壮美史诗。

扫码观看《什么是“三区三州”》

什么是“三区三州”

“三区三州”是中国脱贫攻坚史上的特有名词。
“三区”指西藏全区、新疆南疆四地州和四省藏区，
空间上主要分布于青藏高原及其周边地区；
“三州”指甘肃临夏州、四川凉山州和云南怒江州，
空间上均位于青藏高原东缘的藏彝走廊上。
这里有中国最干旱的土地，
最难以捉摸的气候，以及最脆弱的自然环境。

这是我们的星球。

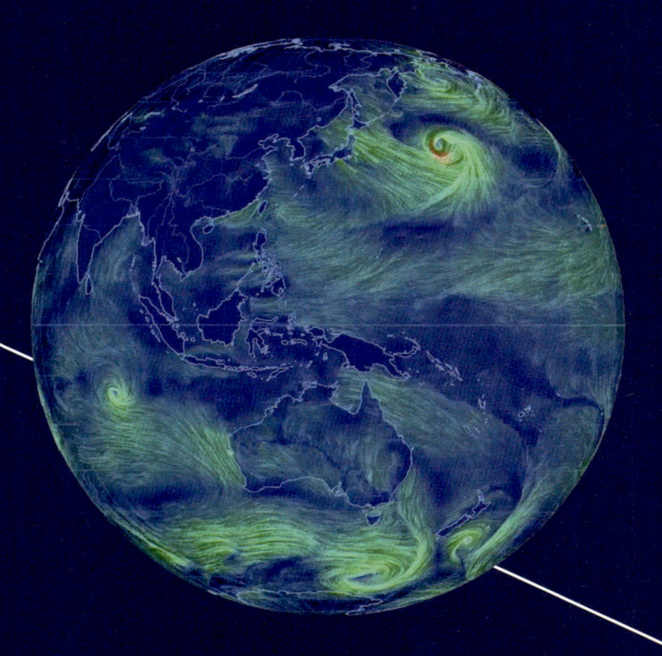

这也是我们的星球。
地球表面的气体流动，被卫星和超级计算机所感知。
它们带来降水或干旱，富饶或贫瘠，改变着一块又一块土地，影响了一群又一群人，一个又一个时代。

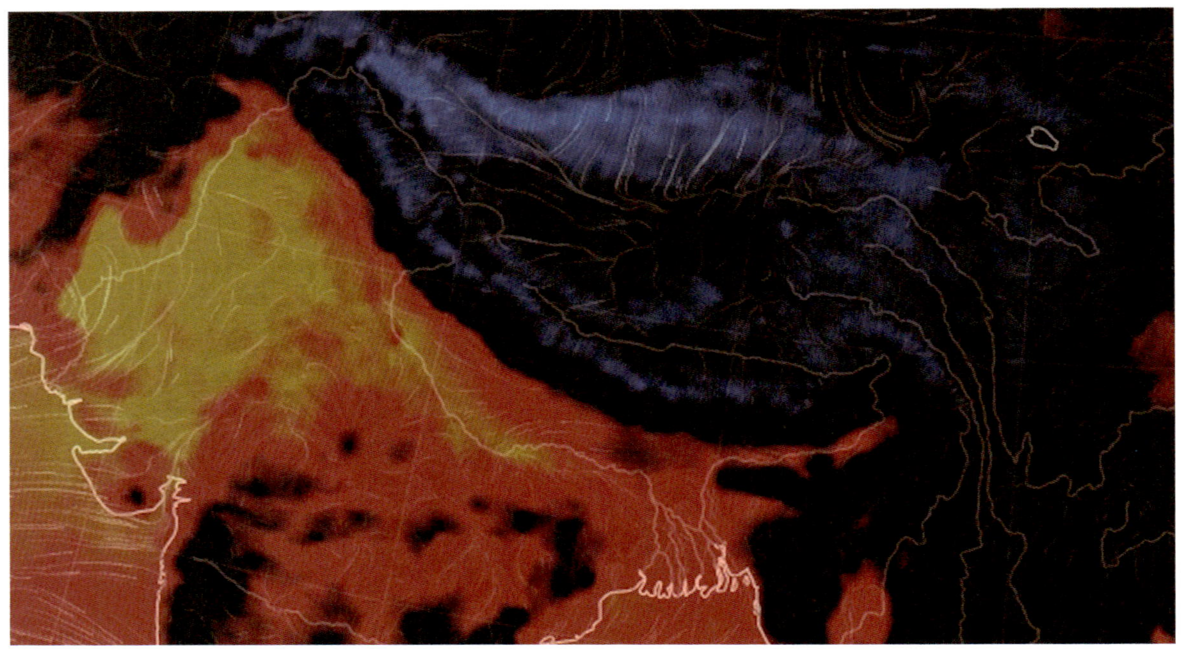

亚洲大陆西南，从印度洋吹来的暖湿气流，在此碰壁。高热和寒冷正面冲撞，造成了世界上最奇特的景观，以及严酷的生存环境。

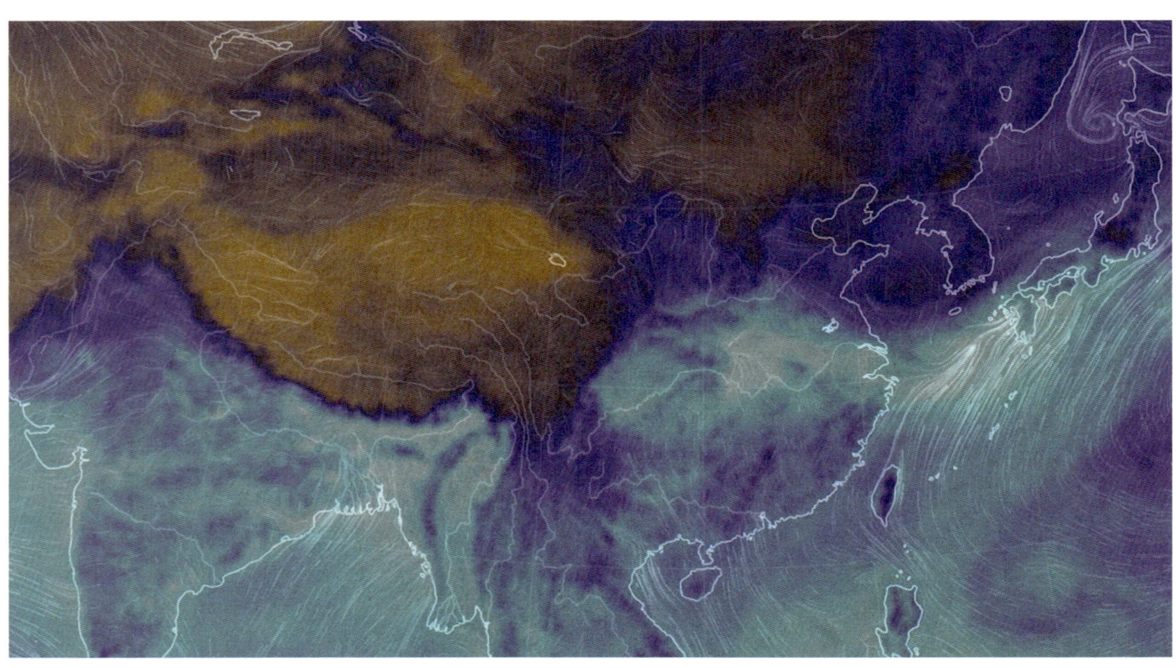

气流受阻之处，形成了深蓝色的强降水地带，内侧则是黄色的干旱和半干旱地区，这就是青藏高原。而中国深度贫困的“三区三州”主要分布于青藏高原及其边缘地带，跨越西藏、新疆、甘肃、青海、四川、云南六省区，东西横跨约 2 600 千米，南北绵延约 1 900 千米，这是中国脱贫攻坚的决战之地。这里有中国最干旱的土地，最难以捉摸的气候，以及最脆弱的自然环境。

“三区三州”所处六省区在中国的位置示意图

“三区三州”是中国脱贫攻坚史上的特有名词。地理空间上主要集中在中国西部，包括西南与西北，以青藏高原为中心。“三区”指西藏全区、新疆南疆四地州（包括喀什地区、和田地区、阿克苏地区以及克孜勒苏柯尔克孜自治州）和四省藏区（包括青海省的海北藏族自治州、黄南藏族自治州、海南藏族自治州、果洛藏族自治州、玉树藏族自治州、海西蒙古族藏族自治州，甘肃省的甘南藏族自治州、天祝藏族自治县，四川省的阿坝藏族羌族自治州、甘孜藏族自治州和木里藏族自治县，以及云南省的迪庆藏族自治州），在空间上主要分布于青藏高原及其周边地区；“三州”指甘肃省的临夏回族自治州、四川省的凉山彝族自治州和云南省的怒江傈僳族自治州，在空间上均位于青藏高原东缘的藏彝走廊上。

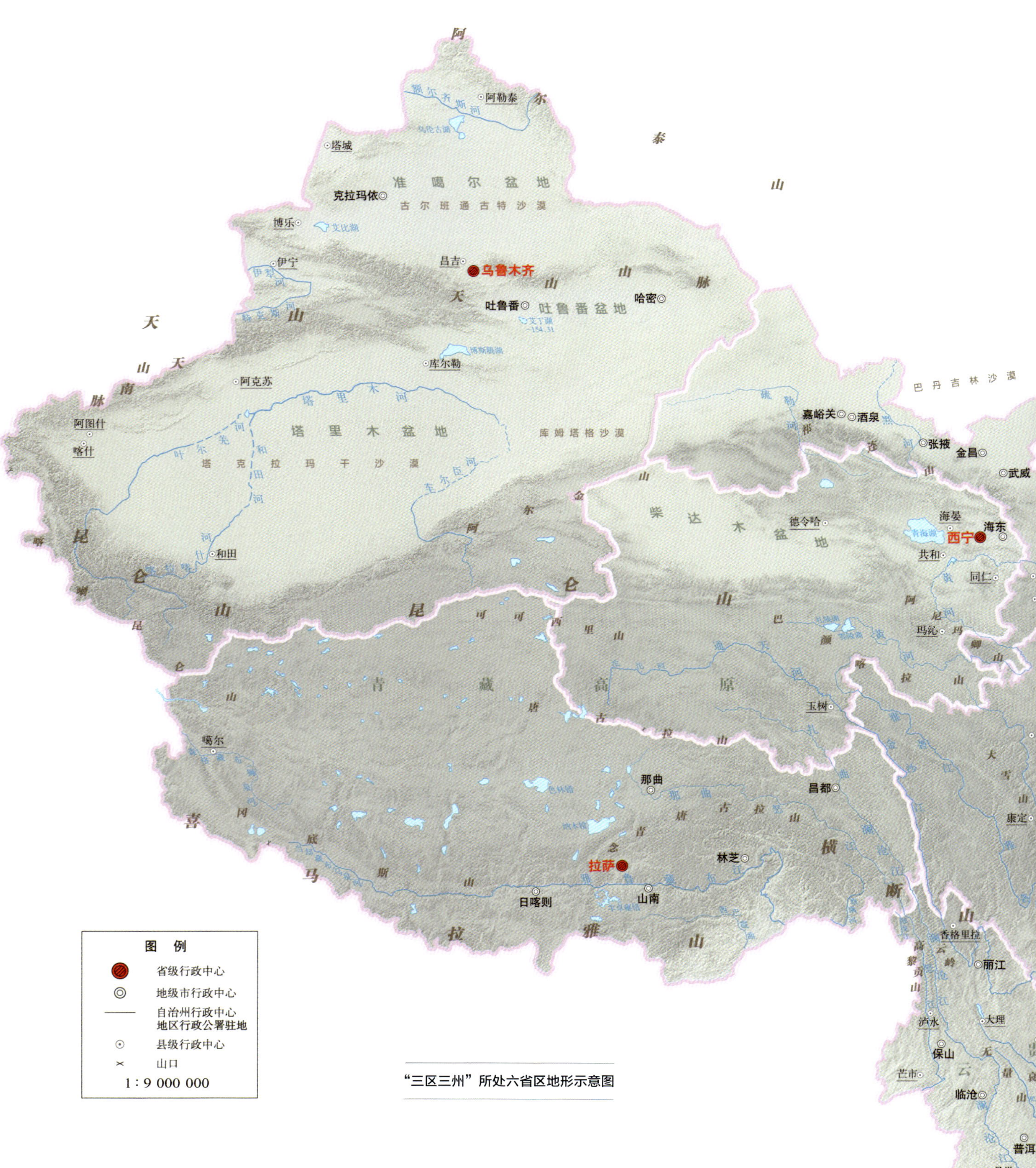

“三区三州”所处六省区地形示意图

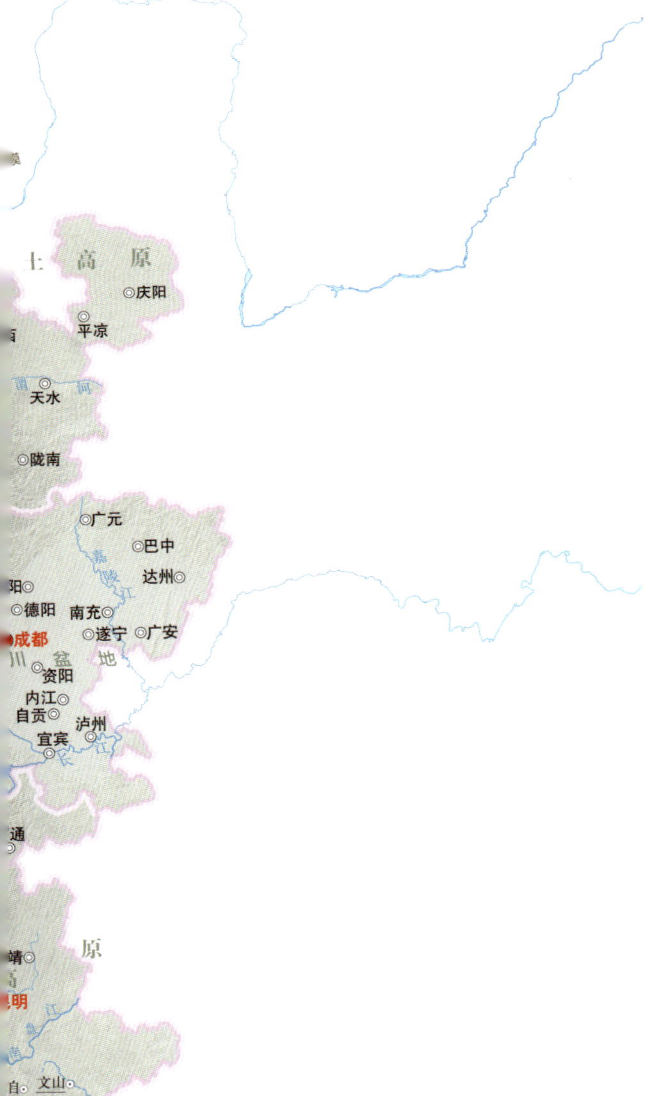

生态环境脆弱、自然灾害频发，加之交通闭塞、社会文明发展程度低、基础设施建设滞后等人文社会因素，导致“三区三州”的贫困程度深、贫困区范围广。这些地区的自然和人文环境，曾被集中概括为“高、寒、大、岖、边、远”。

因其海拔高、气候寒冷，地域辽阔、山高谷深、地表支离破碎，又位处边疆地区，远离政治和经济核心区，长久以来经济结构异常单一，内外交通往来不便，进出通道闭塞，始终陷入空间贫困陷阱之中。也因此，人们不禁好奇：历史上，生活于此的人与环境之间究竟是一种怎样的关系，又是如何互动的呢？

西藏自治区

西藏自治区是“三区三州”深度贫困地区中唯一的省级集中连片特困地区，在脱贫攻坚之初，是全国贫困发生率最高、贫困程度最深、扶贫成本最高、脱贫难度最大的区域。

而每每提及西藏，浮现在人们脑海深处的总会是壮丽的景色，有雄伟的江河与险峻的峡谷，有终年积雪的山峰与蔚为壮观的冰川，还有湛蓝的湖泊与辽阔的戈壁，以及奔驰在高原上的动物精灵。可对于强烈的太阳辐射、稀薄的空气、贫乏的降水以及寒冷的气候，未曾到过的人，未曾生活于此的人，实难感受与美景相伴的是人类在此种环境下的艰难求生。

20 世纪 40 年代，曾在西藏生活考察的沈宗濂、柳陞祺先生，这样描述他们刚刚进到西藏时的感受：“当你初次踏上西藏的土地时，萦绕在心头的第一个问题便是‘难道这里就是香格里拉，那充满瑰丽梦幻色彩和田园牧歌气象的世外桃源吗？’”

乱石纵横，人马路绝，艰险万状，不可名状。曾伴随着驼铃声，一步步走进西藏的人是看得真切的。在他们眼里，第一眼看到的西藏，与其周边地区几乎没有太大区别，只是更加荒凉、更加贫瘠，并湮没在沉沉的静寂之中。随着驼队缓慢进入西藏腹地，沿途那单调而凄凉的自然地貌，慢慢地吞噬着人的活力。在那里，人们也许从未见过如此壮观的山川、峡谷、河流，以及如此澄明而大气的天空。但暴风雪若突然袭来，那股势不可挡的力量瞬间就会把一切颠覆得面目全非，尽显大自然的残酷。

念青唐古拉山、色林错、纳木错一带地形示意图

这就是曾经的西藏。很长一段时期里，在冈底斯山与念青唐古拉山以南的河谷及边缘地区耕种，在北部的羌塘高原放牧，已经成为当地人与自然艰难达成的生存“协议”。但“协议”背后，人们还得面对恶劣的气候条件，不厌其烦地承受自然灾害的侵袭。每向自然多索取一分，灾害降临的频次、程度都会增加一分。久而久之，高山峡谷里，山体滑坡和泥石流等地质灾害频繁现身；东部和南部地区时常遭遇冰冻突袭，北部和西部更面临着来自暴风雪的侵害。

这些灾害严重影响着牲畜和作物生产，进而危及当地人的生活、生存条件。冰冻灾害的影响也许相对较小，但其突然发生，经常难以预料，每次降临都会造成粮食作物减产，甚至绝收。然而对生活于此的人来说，比这些自然灾害更甚的致贫因子是，在旧西藏政教合一的封建农奴制统治下，占人口不足 5% 的三大领主及其代理人几乎占有西藏的全部耕地、牧场、森林、山川、河流、河滩以及大部分牲畜。民主改革前，西藏有世袭贵族 197 家，其中居前的几家大贵族，每家占有几十个庄园，几万藏克土地（15 藏克相当于 1 公顷）。占人口 95% 的农奴没有生产资料和人身自由，遭受着沉重的赋税、乌拉差役和高利贷盘剥，挣扎在死亡线上。

废除封建农奴制度后，西藏走上了社会主义道路，中国共产党以解放生产力、发展生产力、消灭剥削、消除贫困、实现共同富裕为己任，一代一代人致力于发展经济、改善民生。党的十八大以来，成千上万的居民成为生态移民，迁移到高原上更舒适的区域，接近水源，有更多植被和氧气。这样的离开，也会终止对脆弱环境的人为干预。盲目开垦、开发得到管理和规范，植被恢复、湖水回涨，季风、阳光则被用现代化的方式，转化为人们的收入。

通过精准施策、精准帮扶，这片极高极寒的土地上，各族人民过上了不愁吃、不愁穿的生活，义务教育、基本医疗、住房安全也都有了保障。截至 2019 年底，全区 62.8 万建档立卡贫困人口已全部脱贫，74 个贫困县区全部摘帽，历史性消除了绝对贫困问题。

如果雪山能言，定能讲出数百万年的沧海桑田，而经历民主改革、摆脱贫困的奋斗史诗，一定最为壮丽。

上图　1959 年 8 月，西藏墨竹工卡县的翻身农奴焚烧三大领主的剥削文契［新华社 · 发］

中图　1984 年，江孜县农民洛桑旺堆（左）向国家出售余粮。他家承包土地 100 多亩，农忙种地，农闲搞建筑、跑运输
［新华社记者　土登 · 摄］

下图　2020 年 3 月 22 日，西藏林芝现代苹果标准化示范园的工作人员为苹果树修枝
该示范园实施农机农艺结合、水肥一体化及“果草畜循环”，大面积推广苹果矮化砧木集约高效栽培技术，带动米林县羌纳乡林巴、才巴、色沃村及附近的农户增收。［新华社记者　张汝锋 · 摄］

新疆维吾尔自治区南疆四地州

天山以南，昆仑山以北，是为南疆。喀什、和田、阿克苏地区以及克孜勒苏柯尔克孜自治州四地州，是全国“三区三州”深度贫困地区之一，沙尘、洪涝、干旱、冰霜，还有贫瘠，长期肆虐这片土地。

这里有世界第一大内陆盆地——塔里木盆地。它呈环状分布，边缘是与山地连接的砾石戈壁，中心是辽阔的塔克拉玛干沙漠。在边缘和沙漠之间是冲积扇和冲积平原，分布于此的绿洲，艰难地对抗着沙漠的进逼。

南疆气候极端干旱，年平均降水量在 90 毫米以下，其周围是海拔 2 000 ~ 3 000 米的山地，降水量也很少超过 200 毫米，是全国最干旱的地区。而喀什、和田、阿克苏，以及克孜勒苏柯尔克孜自治州又是干旱之典型。

20 世纪初，法国汉学家保罗・伯希和在对新疆的考察中，如此描述喀什地区的气候环境：“喀什南麓的所有山脉都是光秃秃和贫瘠的。此外，那里的气候很干燥，勉强一点雨，降雪更为罕见。下过雪后，如果太阳或地面热度使雪融化，那么水文状况就会更糟，正在融化的雪会蒸发掉，蒸汽一直升到大气中而又不湿地皮。”

干旱和荒漠化成为制约新疆经济社会发展的最大障碍。在和田地区的策勒，风沙曾使县城三次南迁，直到昆仑山脚下，无路可退。但是，千百年来的沙进人退，在过去 10 年中逆转，人进沙退、绿洲握手。

这里，有摆脱贫困的渴望，有战胜贫困的干劲和豪情。成功击退风沙，使南疆四地州的种植业逐渐兴盛，也为更多产业的落地提供了实现的可能。生产活跃，商业繁荣，新的脱贫路径、新的就业岗位不断涌现。仅仅 5 年，南疆四地州各族群众齐心协力，交出 188.95 万人脱贫、贫困发生率由 29.1% 降至 10.9% 的答卷。

新疆维吾尔自治区地形 3D 混合示意图

阿克苏地区位处天山中段南麓、塔里木盆地北缘，西接克孜勒苏柯尔克孜自治州，西南与喀什地区接壤，而喀什地区正处在塔克拉玛干沙漠西缘。和田地区则位处新疆最南端，南枕昆仑山与西藏相连，北部深入塔克拉玛干沙漠腹地与阿克苏地区接壤。

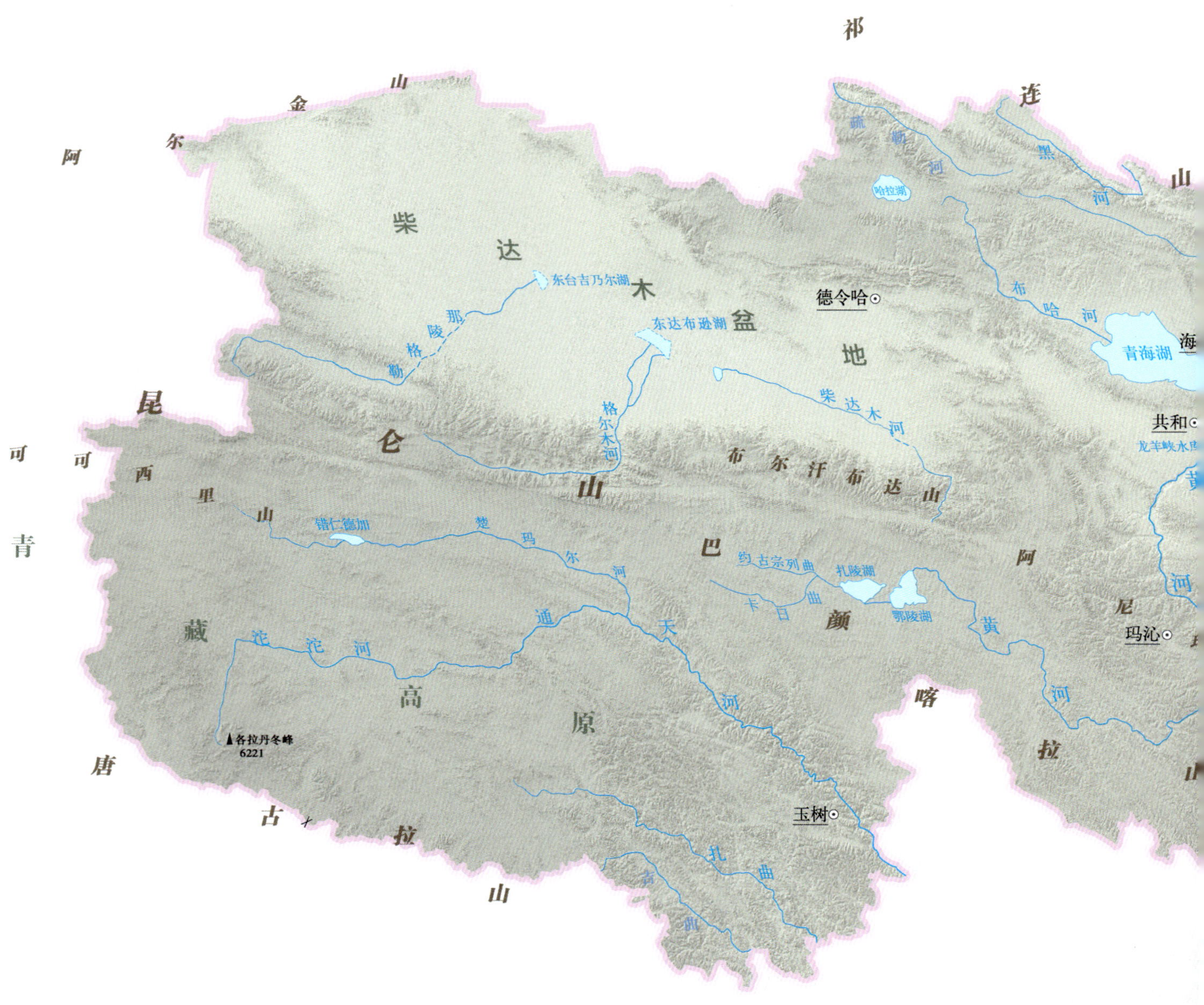

祁
连
山
金
山
阿
尔
柴
达
木
盆
地
东台吉乃尔湖
那
陵
格
勒
东达布逊湖
德令哈
哈拉湖
疏
勒
河
黑
河
布
哈
河
青海湖
海
共和
龙羊峡水库
昆
仑
山
可
可
西
里
山
青
格
尔
木
河
柴
达
木
河
布
尔
汗
布
达
山
错仁德加
楚
玛
尔
河
巴
颜
喀
拉
约古宗列曲
扎陵湖
鄂陵湖
卡
日
曲
阿
尼
玛沁
黄
河
藏
高
原
沱
沱
河
通
天
河
各拉丹冬峰
6221
唐
古
拉
山
玉树
扎
曲

青海省藏区

在青海省下辖8个地州中，除省会西宁市，以及海东市外，其余六州——海北藏族自治州、黄南藏族自治州、海南藏族自治州、果洛藏族自治州、玉树藏族自治州、海西蒙古族藏族自治州，都属“三区三州”深度贫困区。

人们向往青海湖的浩渺与美丽，也感慨于这片因湖得名的土地之辽阔、苍茫，更折服于它“江河之源”的勃勃生机和“万山之祖”的巍峨磅礴。这里高山纵横，雪山连绵，冰川林立，昆仑山、祁连山、唐古拉山、巴颜喀拉山、阿尼玛卿山等众多海拔5 000米以上的名山，傲立于天地之间，任时光匆匆，依然庄严、肃穆而无比神圣。也因此，青海境内海拔3 000米以上的地域占74%，低于海拔2 000米的地域仅有0.1%。

这种地形分布成为影响青海气候的主导因素，使其形成东部季风区、西北部干旱区和南部高寒区三大自然区。东部季风区包括海北全境、海南北部、黄南北部，以及位于河湟谷地的海东和西宁全境，面积约占全省总面积的8.06%；西北部干旱区包括将柴达木盆地、茶卡盆地和共和盆地包含于内的海西和海南南部，面积约占全省总面积的35.42%；南部高寒区则包括果洛和玉树二州全境、黄南和海南二州南部及海西州的唐古拉山镇，面积约占全省总面积的56.52%。

青海省地形及主要水系分布示意图

德令哈是海西蒙古族藏族自治州首府，玉树是玉树藏族自治州首府，共和是海南藏族自治州首府，海晏（实际在西海镇）是海北藏族自治州首府，同仁是黄南藏族自治州首府，玛沁是果洛藏族自治州首府。

在起伏剧烈的高海拔地势影响下，青海气温普遍偏低，地区差异显著且垂直变化明显；冬季漫长，四季不明显；空气稀薄、气压低、含氧量少、太阳辐射强；降水量小，且地域差异大，季节变化明显。除东南部降水量较多外，全省 1/3 面积年降水量在 400 毫米左右。海拔 4 500 米以上的其他区域，日均气温都在 10℃以下，可以说终年是冬季。再加上大多数地区处于干旱半干旱地区，畜牧业便成了当地居民长期以来生存倚赖的主导产业，只在日月山东麓的河湟地区，形成了以农业为主的狭小地域。在漫长的岁月里，正是这样的人地关系，使得青海境内的人口主要集中在面积狭小的河湟农耕区，而广大的高原藏区却是人口稀少。因此，青海最终形成了“面积大省，人口小省”的基本格局。

这是卫星观察到的可可西里湖一带地貌

可可西里湖位于玉树藏族自治州，湖面海拔达 4 800 米以上，是典型的高寒冻土地带，气候寒冷。受惠于湖区水源，在其附近形成了一个荒漠沼泽草原地带，是藏羚羊迁徙产羔的地方之一。据卫星遥感监测，湖区生态恢复日渐良好，湖区面积正在持续扩大。

人口稀少是影响区域经济发展的重要不利因素，但青海是个例外。在这片广袤的土地上，自然环境的制约才是产生贫困的根本因素。又因自然灾害种类多、频发率高，雪灾、风灾、鼠害、旱涝、地震等自然灾害频频发生，而游牧生产方式的最基本特征是靠天养畜，故极少有稳定性，不便于财富的积累和增值。

青海藏区传统时期也开展商业贸易，以茶马互市为主，易马之物，初以金帛，后则易之以少数民族生活必需的茶叶，并有部分羊毛及土特产贸易。但传统时期的商业大部分为资源输出型，又因交通不便，商业化程度一直不高。同时，青海藏区虽幅员辽阔却既不沿边也不沿海，且运输线长，更使得商品流通十分缓慢，不利于贸易扩大。

在这些因素的综合影响下，青海藏区一直是贫困程度相对较高的地区。进入 21 世纪，受惠于国家开发西部的优惠政策，基础建设普遍发生质的飞跃，过去因地理环境造成的交通不便获得极大改善。

“青海最大的价值在生态、最大的责任在生态、最大的潜力也在生态。”脱贫攻坚战役打响后，按照总书记指明的方向，590 万青海各族人民凝心聚力，更以“不破楼兰终不还”的坚定决心和坚强意志，决战脱贫攻坚，稳步易地搬迁，发展绿色产业，逐步摆脱贫困，挺起脊梁闯出了一条绿色崛起的脱贫新路。

2020 年 5 月 1 日卫星拍摄的察尔汗盐湖

风光旖旎、景色如画的察尔汗盐湖，位处海西蒙古族藏族自治州，有“无机盐宝库”之称。近年来，伴随着综合开发、绿色发展的不断深入，这座盐湖循环经济产业基地的旅游价值日益显现，吸引着各地游客前来观光旅游。

2020 年 10 月 7 日卫星拍摄的茶卡盐湖

茶卡盐湖位于海西蒙古族藏族自治州，是一座天然结晶盐湖，被旅行者们称为中国“天空之镜”，是一颗分布在青藏铁路沿线的“高原珍珠”。过去由于交通不便，青藏铁路沿线旅游产业发展缓慢。如今，这些景区就像散落在青藏高原上的“美丽珍珠”，被青藏铁路及其延伸线串联了起来。依托青藏铁路，过去靠传统畜牧业为生的当地农牧民群众转变观念，在发展生态畜牧业的同时，纷纷利用当地优势资源发展旅游业，吃上了“旅游饭”。

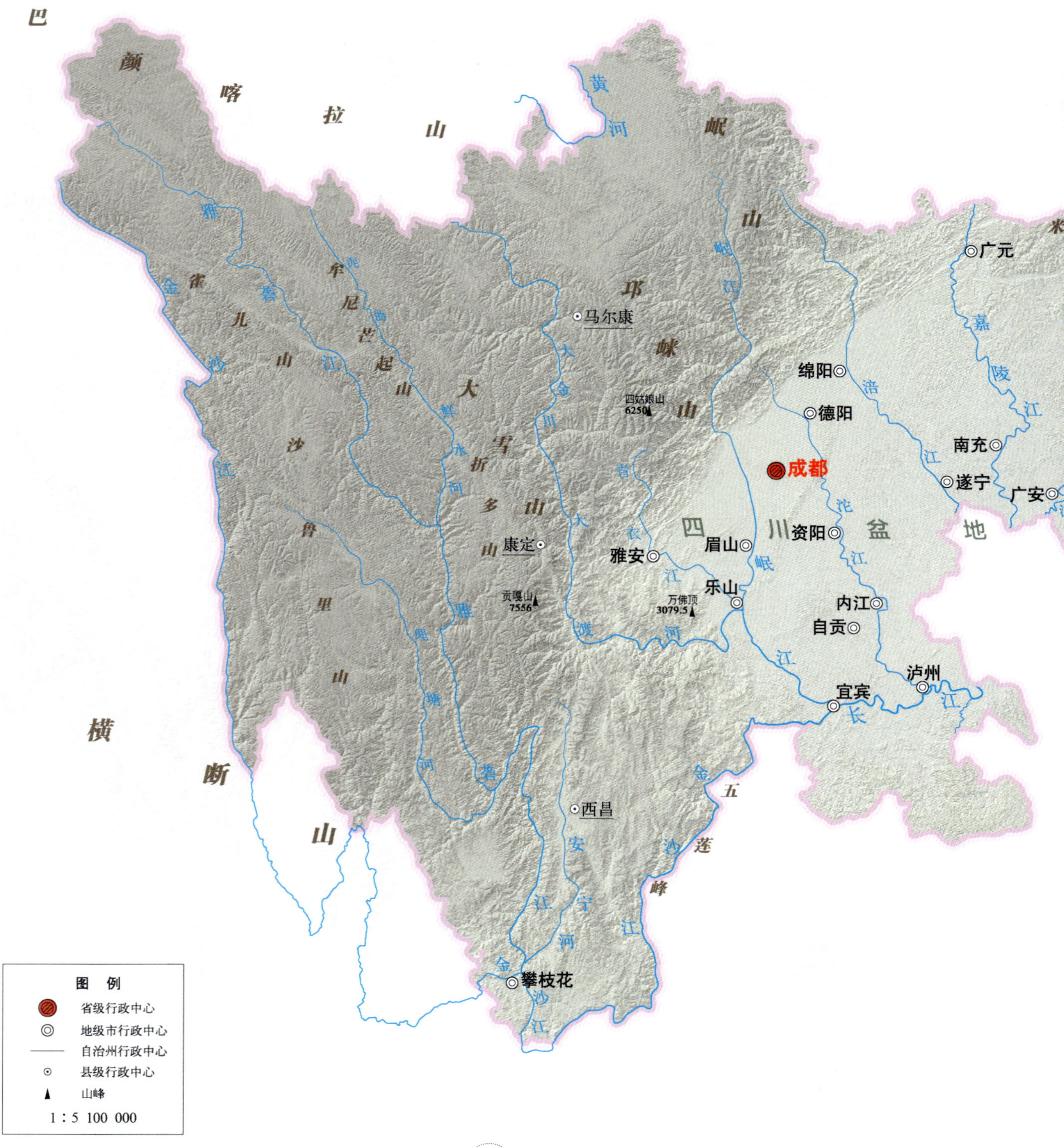
巴颜喀拉山
岷山
邛崃山
大雪山
沙鲁里山
雀儿山
牟尼芒起山
折多山
横断山
五莲峰
四川盆地
黄河
雅砻江
金沙江
泥曲
鲜水河
大金川
青衣江
大渡河
岷江
沱江
涪江
嘉陵江
长江
理塘河
安宁河
马尔康
四姑娘山
6250
康定
贡嘎山
7556
万佛顶
3079.5
成都
广元
绵阳
德阳
南充
遂宁
广安
资阳
眉山
雅安
乐山
内江
自贡
泸州
宜宾
西昌
攀枝花
图　例
省级行政中心
地级市行政中心
自治州行政中心
县级行政中心
山峰
1∶5 100 000

四川省藏区

康巴藏区，包括四川甘孜藏族自治州和阿坝藏族羌族自治州部分地区、凉山彝族自治州木里藏族自治县，西藏昌都市，云南迪庆藏族自治州，青海玉树藏族自治州等地区。

“三区三州”的“三区”中，四川境内的藏区集中在川西阿坝、甘孜两个自治州和凉山州的木里藏族自治县，地处青藏高原东南延伸段，平均海拔在 3 500 米以上，一般合称“川西高原”，是“康巴藏区”的重要组成部分。

这里的气候因高度而呈梯级变化，自高寒带到亚热带。北部为高山草甸，是我国五大牧区之一。中部及南部为河谷和山原地带，森林茂密，宜农宜牧。在这一地区，森林资源、水力资源、矿产资源丰富，岷江、大渡河、雅砻江、金沙江纵贯全境，南北与东西向的大河在高山地貌上，分割出众多半封闭的民族定居点，而多样的自然地理环境与分散丰富的民族资源，又使这一地区的民族文化、民族历史显得多元而复杂。

四川省地形及主要水系分布示意图

康定是甘孜藏族自治州的首府。
马尔康是阿坝藏族羌族自治州的首府。
西昌是凉山彝族自治州的首府。
木里藏族自治县位于凉山州西北，紧邻甘孜州。

四川藏区长期以来的致贫因子，在甘孜藏族自治州得到了集中体现。甘孜东起大渡河，西到金沙江边，北邻青海，南接云南，东南与凉山州接界，藏族居民占80%以上，其余为汉、彝、回等民族。这里既有海拔超过5 000米的雪域高山，也有海拔2 000 ~ 2 800米的河谷低地。传统时期，河谷地区有辽阔的牧场和森林，也种植农作物，主要是青稞、小麦、玉米等。

在20世纪50年代以前，甘孜的农业长期处于“刀耕火种”阶段，产量不高，一亩最好的玉米地还收不到一石玉米，次一点的只能收二三斗，农民生活极其贫困。

除种植农作物外，甘孜地区还是重要的畜牧业区，有“牦牛之海”的美誉。但在历史上，由于气候恶劣，在与自然斗争的过程中，牧民们经常败下阵来。每逢冬春冰雪封冻之时，大批牛羊因疾病和缺乏饲料而死亡，尤其可怕的是，几年一度的牲畜瘟疫，常会卷去牧民的全部财产。新中国成立后，当地的农牧业生产环境得到极大改善，但恶劣自然条件的限制仍未能也无法根本转变，由此便形成甘孜脱贫攻坚的一大难题。

为了破除这一难题，一个被称为“六项民生工程计划”的综合性方案，在整个四川藏区深入推行，产业、就业、健康、基础设施、教育、生态等攻坚行动随之展开，最终帮助这一地区实现了从贫穷落后到全面小康新的历史性跨越。

晨曦中，扎青塘草原上的帐篷城

新华社记者　江宏景 · 摄

在脱贫攻坚战役中，甘孜藏族自治州将自然环境给生产发展带来的限制，巧妙地转化为生态优势，依托当地自然、人文景观，大力推动文旅、农旅、牧旅融合发展，全域旅游丰富多彩，成为当地脱贫奔小康的重要抓手，成功打造出宜居宜业宜商宜游的藏区新农村。

甘肃省藏区

青藏高原边缘，因环境条件不同，贫困的成因也不尽相同。

位于甘肃中部武威市的天祝藏族自治县，是中华人民共和国建立后成立最早的县级少数民族自治县。这个古丝绸之路上的咽喉要塞，县域多薄瘠山地。而从天祝往南约 300 千米的甘南藏族自治州，则是全国 10 个藏族自治州之一，地处青藏高原与黄土高原过渡带。其南部山区，森林茂密，气候温和，以农业生产为主；东部山地丘陵区，农林牧兼营；西北部为青藏高原边缘，草地广阔。整个甘南地区，集中了陆地生态系统几乎所有的生态类型，有广袤的草原，有原始森林，还有高原湿地，河湖纵横，野生动植物资源繁多。其得天独厚的生态系统，共同在青藏高原东部及长江、黄河上游构筑起一道天然的生态屏障。

进入 20 世纪后期，甘南地区由于气候变暖、降水减少等自然原因，加之人口持续增加、草原超载放牧、森林过度采伐等人为因素，以及其他复杂因素的多重作用，导致区域内生态环境日趋恶化，生态功能逐渐减退，直接影响黄河流域生态安全以及经济社会发展。

据 2007 年的数据统计，全州有 90% 的天然草地出现不同程度的退化，其中，重度退化达 77.9%。同时湿地面积锐减，原有的大部分水草滩已沦为植被稀疏、草质极差的半干滩，不少地方甚至变成了“黑土滩”。生态环境的恶化，进一步导致区域水源涵养能力普遍降低，重要河流水量急剧减少，同时水土流失加剧。

自然环境的退化，使生物多样性遭到破坏，生态平衡被打破，这些因素又直接影响当地民众的生产生活质量，加剧地区内部的贫困程度。

随着脱贫攻坚的不断推进，一场旷日持久的“环境革命”在甘南地区全面深入展开。当地人曾形容这是“伤筋动骨之痛”，但最终换来了“脱胎换骨之变”，帮助当地牧民摆脱了“拿着鞭子赶日子，总也脱不了贫”的窘境。一座座扶贫车间如雨后春笋，从山沟里拔地而起；一个个易地扶贫搬迁点，彻底斩断群众的穷根；昔日的“穷山恶水”变成绿水青山，越来越多的牧民放下鞭子，干起农家乐、藏家乐、牧家乐，从“卖牛羊”转到“卖山水”，真正将绿水青山变成了金山银山。

甘南藏族自治州碌曲县尕海镇尕秀村帐篷城景区

新华社记者　陈斌 · 摄

近年来，甘南藏族自治州以当地特色文化和旅游资源为支撑，持续做大做强“全域旅游无垃圾 · 九色甘南香巴拉”这一特色品牌，因村制宜、因户施策创建了一批生态文明小康村、全域旅游专业村和文化旅游标杆村。仅 2020 年 1 月至 9 月，甘南州便接待游客 1 496.76 万人次，实现旅游综合收入 74.11 亿元。

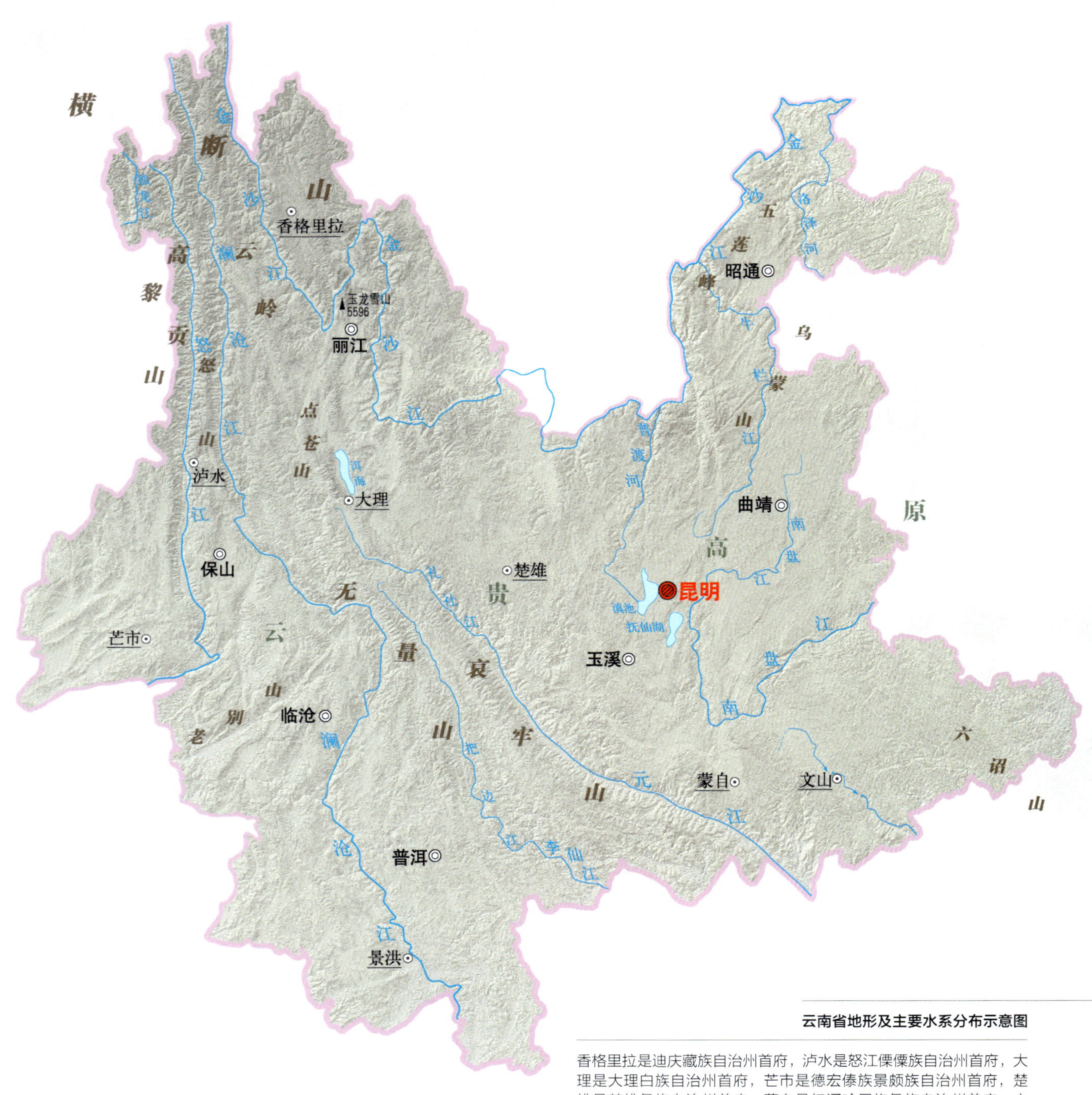

云南省地形及主要水系分布示意图

香格里拉是迪庆藏族自治州首府，泸水是怒江傈僳族自治州首府，大理是大理白族自治州首府，芒市是德宏傣族景颇族自治州首府，楚雄是楚雄彝族自治州首府，蒙自是红河哈尼族彝族自治州首府，文山是文山壮族苗族自治州首府，景洪是西双版纳傣族自治州首府。

云南省藏区

在四省藏区中，人们最熟悉也最陌生的，便是云南省藏区——迪庆藏族自治州。

说迪庆，人们往往没有多少印象，可要说“香格里拉”，鲜有人不知。而香格里拉，正是迪庆藏族自治州的首府。这里地处青藏高原南延，是著名的横断山脉地段，也是云南省海拔最高的地方，群山耸立、气候严寒、灾害频发。其东与四川藏区凉山彝族自治州木里藏族自治县接壤；南接同属“三区三州”深度贫困区的怒江州；西与西藏左贡、察隅二县及怒江州贡山县毗邻；北与西藏芒康县及四川藏区甘孜藏族自治州接壤。世居民族以藏族为主，此外还有傈僳族、汉族、纳西族、白族、回族、普米族、怒族、苗族、彝族等众多民族。

在这里，巍峨的群山、晶莹的雪岭、辽阔的草原、奔腾的江河、茂密的森林，共同组成了迪庆高原的壮丽景观。进入迪庆，抬头即可看见山顶终年不化的皑皑白雪和挂在山间的巨大冰川。而众多大山中，最负盛名的当数怒山、云岭和贡嘎三大山脉。

怒山山脉是怒江以东、澜沧江以西一系列山地的总称，其在迪庆境内上段称梅里雪山，下段叫碧罗雪山，山峰海拔几乎在 5 000 米以上，最高峰卡瓦格博峰海拔更是高达 6 740 米。

怒山山脉是怒江和澜沧江的分水岭，云岭山脉则是澜沧江和金沙江的分水岭，其山体极厚，因而在山与山之间形成了许多谷地，并演变为平缓的草甸原野。在云岭山脉的众多支脉中，最为主要的正是金沙江以东的贡嘎山脉，它与怒山、云岭一同紧紧夹住金沙江和澜沧江，从而形成“三山夹两江”的纵贯地理景观。

这样的迪庆，可寻幽探胜，但却难以支撑起社会经济发展的基础行业——农业生产。山高则坡陡，耕地犹如贴在墙上的壁报，跑土、跑水又跑肥，加之海拔高差大，与贫穷相伴的当地居民对其进行了历时久远的改造，最终形成了十分立体的农业种植格局。

这是迪庆藏族自治州德钦县佛山乡江坡村说打村民小组一景

新华社记者　胡超 · 摄

过去，这里与世隔绝，村民们的生活与贫穷相伴。为帮助村民增收，江坡村各小组开展油橄榄等种植业和牦牛、山羊养殖业，还积极发展乡村旅游业，人均纯收入从 2016 年的 8 000 元，增长到了 2019 年的 2.66 万元。高耸的梅里雪山，注视着江坡村，也见证了村民们生活的巨变。

他们将粮食主产区集中在澜沧江、金沙江两岸海拔 1 500 ~ 2 100 米的平坝和缓坡台地，但这样的耕地占比极少，全州 60% ~ 70% 的耕地分散在海拔 2 100 ~ 2 500 米的山区和半山区。而海拔 2 500 ~ 3 100 米为高山草甸，分布着大片草场，耕地分布更为稀少；到了海拔 3 000 ~ 4 000 米，尽管分布有大大小小的坝子，而且日照充足，但积温不足，气候寒冷，每年有八个半月是严冬，仅三个半月是春秋季相连，冬干春旱，只有少量耕地。至此，农业生产的环境已达极限，再往上，海拔 4 000 米以上为严寒山地牧作区，海拔 5 000 米以上为永久积雪带。

到处找地，散布谋生，也让全州人口在山高坡陡、气候寒冷、生态脆弱的深山区、高寒山区、多灾连灾区广泛分布，更使致贫因素复杂多样。想要摘掉“穷帽子”，必须建立一种新的人地关系，以前所未有的力度全面完成“生态”转身。这是一条人与自然和谐共生的脱贫新路，易地搬迁、生态补偿、旅游产业与高原特色农业增收等一系列扶贫措施由此展开。短短几年间，6 万多建档立卡贫困户告别传统产业，端起“生态碗”，摘掉“贫困帽”，完成历史性的转变。

云南省怒江傈僳族自治州

“三区三州”虽然地跨 6 个省区，但西藏全区、新疆南疆四地州、四省藏区，三区三州，彼此之间紧密相接，在地理空间上形成了一个以青藏高原为中心的庞大地域。

“三州”之中，怒江傈僳族自治州，东接迪庆，北靠西藏，西邻缅甸，南北最大纵距 320.4 千米，东西最大横距 153 千米。地势北高南低，平均谷深 2 000 米，海拔 4 000 米以上的山峰多达 40 余座。下辖泸水市、兰坪白族普米族自治县、福贡县、贡山独龙族怒族自治县，境内有傈僳族、怒族、独龙族、普米族和白族等世居民族，其中怒族和独龙族是怒江州独有民族。

特殊的地理构造在这里孕育出壮丽的自然景观，同时又制约着怒江的经济、社会发展。尽管全州平均海拔只有 1 100 米，但 98% 以上的面积属高山峡谷。外加怒江、澜沧江、独龙江三大河谷纵贯其间，几乎没有一块平整的土地，70% 以上的耕地坡度更是超过 25 度。2007 年的调研报告显示，全州共有土地面积 2 205 万亩，坡度大于 25 度的土地就达 1 682.4 万亩，占总面积的 76.3%。当地人说，怒江境内“地无三尺平”，丝毫没有夸张之意，在怒江峡谷两岸甚至很难找到足球场大的平地。

山高、坡陡、土少、石头多，如此险恶自然条件，使得全州可供垦殖开发的农业用地十分有限，并且作物还会越种越瘦，产量极低，农业生产的耕作基础条件奇差。为了谋生，长期以来，人们不得不在陡坡上持续砍树开荒，辟出新的耕植用地，经年累月，又使本就存在的水土流失灾害加剧，变得极为严重。除此之外，怒江还是各种地质灾害高发地带，其中泥石流更是多发、频发。这些因素也成了制约怒江经济、社会发展，是其长期深陷贫困的根源。

如何才能改变这一切？怒江州开展了史上最大规模的搬迁行动，让 10 万贫困群众搬出高山峻岭、峡谷缝隙，进城入镇集中安置。一个个老村寨神奇地“消失”了，耕地退回，原来的寨址恢复绿色，与大山融为一体，加速“两江”沿岸生态“伤疤”的修复。而生态与产业的结合，让人们得以依托地理气候和生物资源优势，发展林下经济，端牢生态“饭碗”，走出穷苦困境。在怒江消除贫困，这个曾经“不可能”的梦想如今变成现实：26.96 万建档立卡贫困人口已全部脱贫，傈僳族、独龙族、怒族和普米族整族脱贫。在这片地球褶皱里，“中国奇迹”悄然发生。

卫星于 2011 年观察到紧张的人地关系在怒江峡谷留下的伤疤

四川省凉山彝族自治州

在同样都是地处高山峡谷的四川凉山彝族自治州，气流越过山脊后海拔每下降 1 000 米，温度平均升高 6℃。这使流经凉山州的金沙江、雅砻江、大渡河等水系的河谷，成为半干旱地带。

1949 年以后，这里人口增长约 300 万，又对河谷、坡地进行了高强度开发，使一半以上的耕地出现荒漠化。最终，雨季到来，强降水冲刷着松散的土层，水土流失使人们陷入贫困。即使到了 20 世纪 70—80 年代，当地经济水平仍然极低，成片的绝对贫困成为当时腹心地带贫困的基本特征。20 世纪 80 年代以后，政府在当地进行有计划、有组织、有规模，以政府为主导的开发式扶贫工作；20 世纪 90 年代以后，当地的贫困深度有所缓解。但平坝区人均耕地少，半山区、高山区生存环境恶劣，在这些地区经常是一方水土养育不了一方人，贫困仍旧是当地社会经济发展中的顽疾。

2014—2018 年间，政府加速贫困治理，使超过 63 万亩林地得到恢复，其中接近 80% 分布在深度贫困县。路网也变得更加密集，出现了越来越多的工作岗位。到 2020 年时，更有 35 万人完成易地扶贫搬迁，开启了全新的生活。

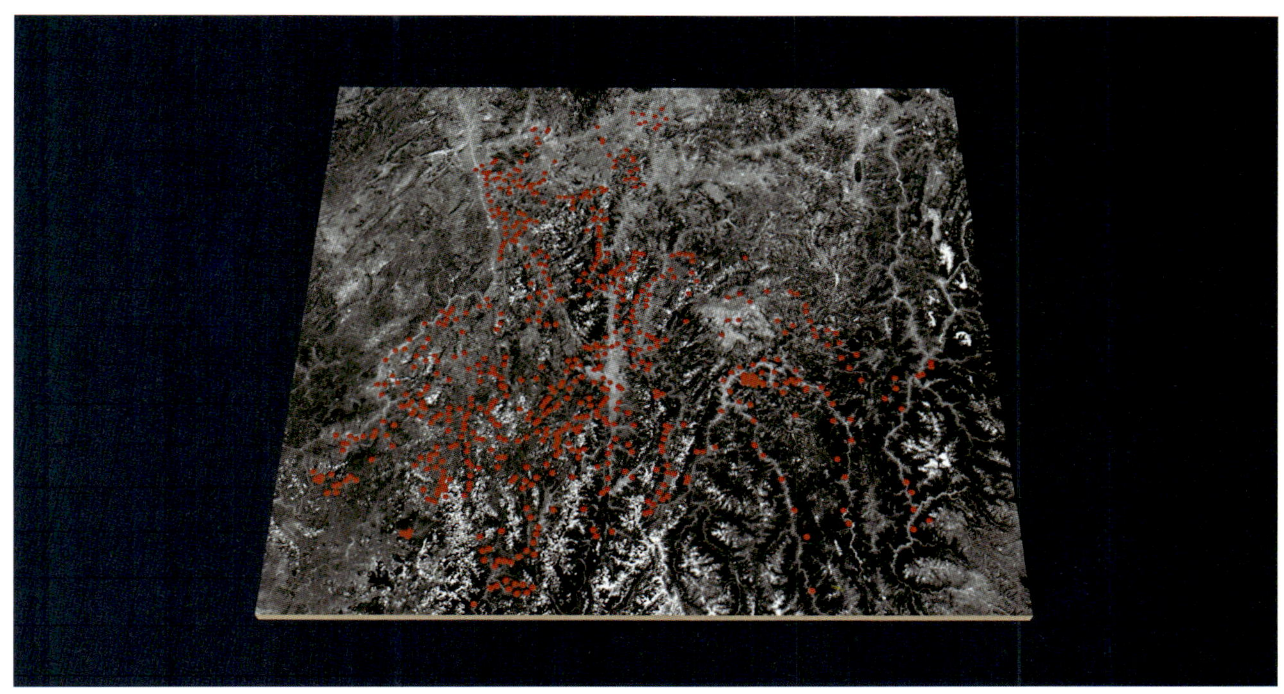

凉山州地质灾害分布概况

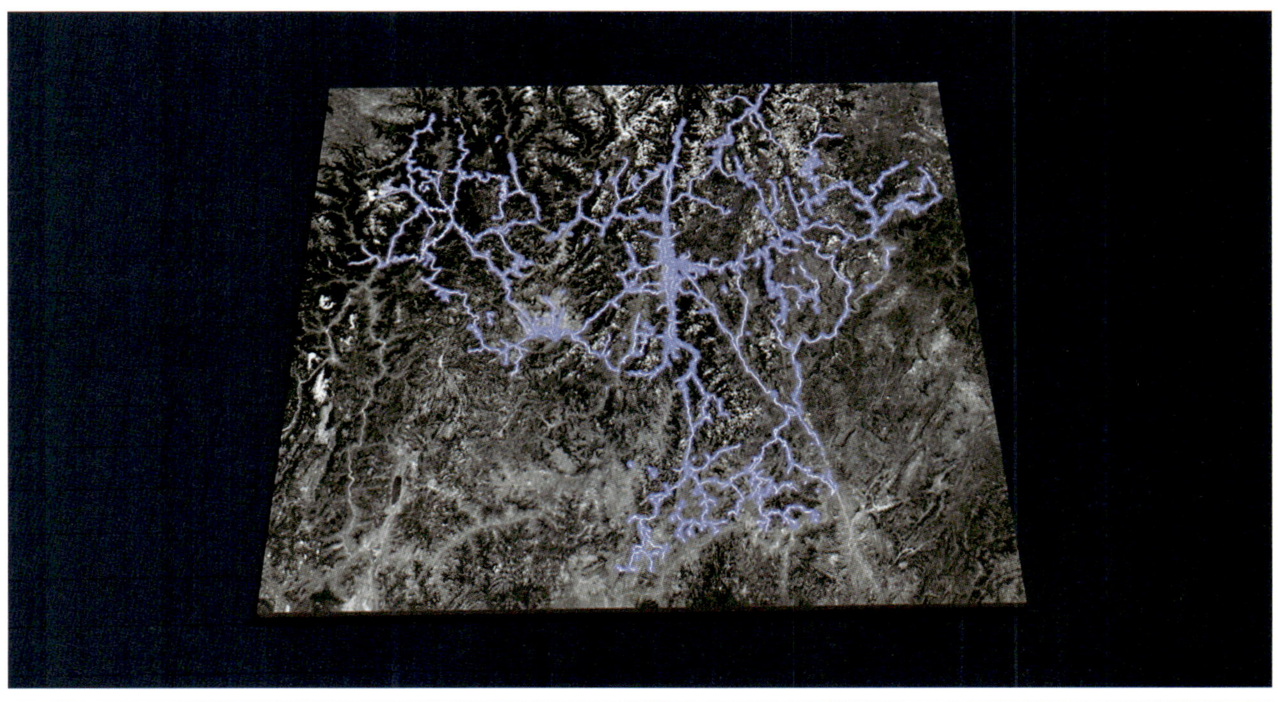

凉山州 2020 年路网分布概况

甘肃省临夏回族自治州

在青海黄南藏族自治州和海东市的东侧，坐落着黄河上游重要的水源补给区——甘肃临夏回族自治州。但临夏的水资源分布极不均衡：占土地总面积10%的黄河两岸，以及各支流河谷平原与台地水资源丰富，形成较为发达的灌溉农业区；而占90%的广大丘陵山地，特别是干旱半干旱地区，灌溉和人畜饮水都非常困难。

虽然临夏的平均海拔只有2000米，但南面的青藏高原阻挡了暖湿气流，来自中亚的干旱季风，却沿高原北侧吹来，无论是山区还是盆地，都沉积了灰尘与黄土。遇到降水，整个地区就被剧烈地冲刷、切割，沟壑纵横，成为泥石流、滑坡等地质灾害的高发地区。因此，土地对人口的承载力较弱，大多数耕地分布在山地、沟壑区，适宜耕种的土地占比较低。

随着推行一系列恢复生态举措如坡地退耕还林的实施，使植被重新生长，加固了土壤，全州生态环境质量持续改善，人们的生活也因此得到改变。

卫星于 2017 年 7 月 16 日观察到的临夏州积石山县白家沟村

白家沟村地处湿陷性黄土滑坡带。从卫星图上看，整个村子山峰陡峭，基岩裸露，难以找到一块成片的平地。人只能见缝插针式地居住在疏松、干裂的黄土地上。

这片干旱半干旱山区既缺水，又怕水。尽管十年九旱，但每到夏秋之际，暴雨总会诱发山体滑坡和崩塌。缺水使人无法乐业，暴雨又让人不能安居。

卫星于 2019 年 7 月 20 日观察到的临夏州积石山县白家沟村

从 2017 年开始，国家在积石山县投入巨资，将生活在灾害多发、不宜人居的偏远山村的 1 148 户群众搬出深山，坡地随即退耕还林，植被重新生长。

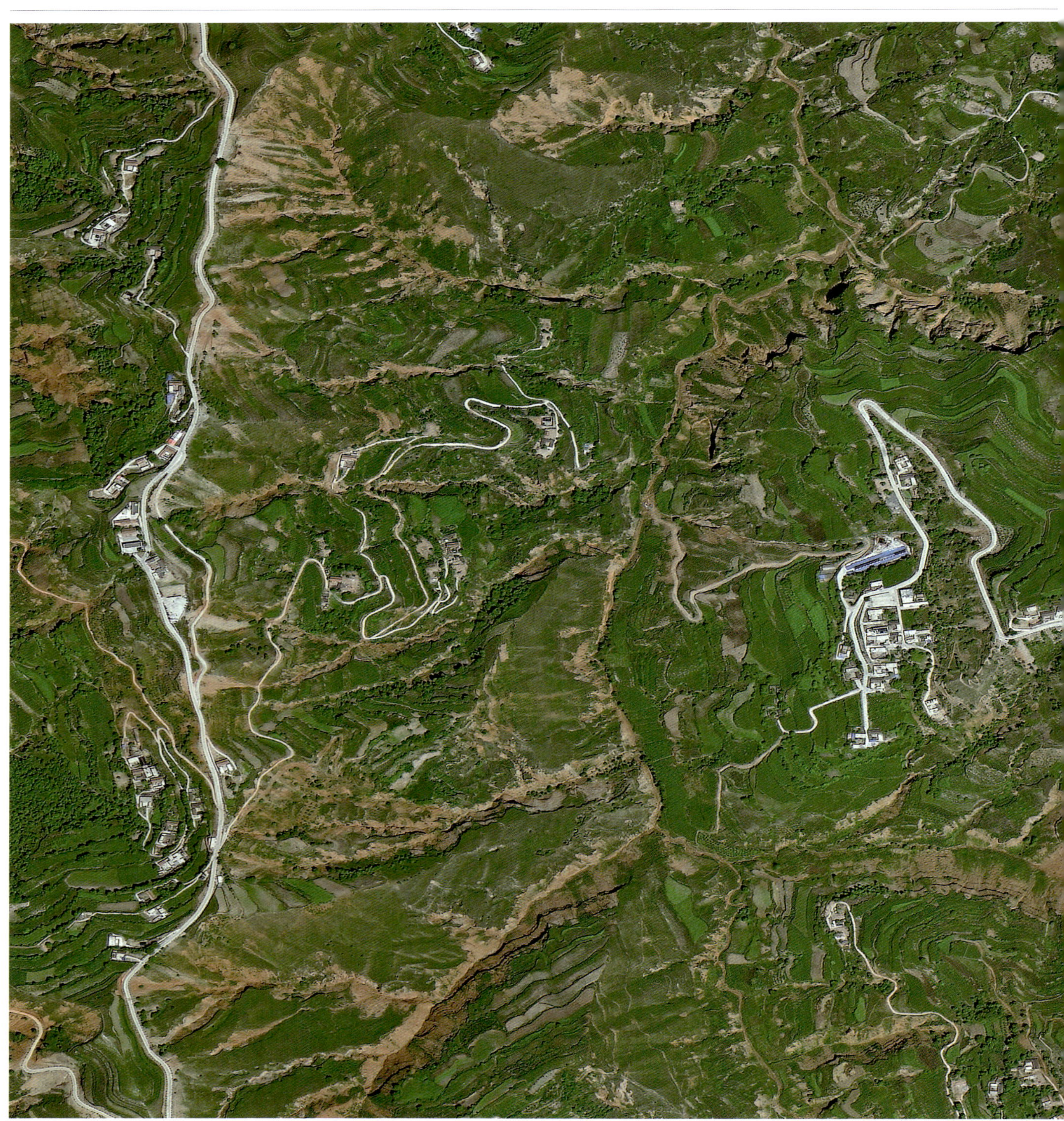

为什么在环境恶劣地区居住的人们不主动选择搬走

面对生态环境复杂、脆弱且灾害频发的“三区三州”，回看历史上这些地区民众与当地恶劣环境博弈过程，我们不禁疑惑，为什么在环境恶劣地区居住的人们不主动选择搬走呢？而这不正是我们国家在脱贫攻坚战役中的重要“武器”——易地扶贫搬迁吗？

对居住在这些地区的民众而言，传统时期，他们并不会首先选择搬走，而是会生发出一系列的适应措施，但这些措施并不能保证当地人生活得很好。受限于地域环境，人们常常只能在与环境的较量中，获取最基本生存权，这与资源环境较好、可以很轻松地“靠山吃山、靠水吃水”区域的民众相比，有极大不同。因此，西部广大地区的贫困并非当地人自身的问题，导致“三区三州”大片贫困、深度贫困的原因，更主要的是生态环境脆弱，而人们却在生产生活方式上，不断适应并与脆弱的生态环境达成内在耦合，只是这种耦合关系并不是高质量的生态互动关系，相反是十分脆弱的。

那么，什么样的环境才算是理想的人居环境？人居环境以“人”为核心，以满足人类生存和发展需求为目的，是联系人类与自然之间的纽带，也是人与自然相互作用与影响的一种表现形式。理想的人居环境不仅包括地域空间与支撑体系，还包括人类社会。地域空间是人类生产生活的主要场所，也是人居环境的物质基础，海拔、气候、资源和环境都是其不可或缺的核心要素；而支撑体系是由交通、通信和医疗等构成的，是连接人类社会与地域空间的桥梁；人类社会则是人类个体在改造自然、适应自然的过程中，逐渐形成的独特文化与风俗习惯，它包含经济的一面，也包含社会的一面。

优越的地域空间，能够以更低的成本为人类生产生活提供更好的自然要素（空气、水、土、矿产资源等）；而良好的支撑体系能够使人类获取资源的空间得到优化，以降低成本；良好的社会文化环境、高效的社会组织体制、机制，则有助于促进人地关系的良性循环。在这三个方面，“三区三州”有着高度相似性，支撑人类生产生活的地域空间并不优良，交通、通信与医疗等支撑体系也较为落后，由于地广人稀、市场网络不发达，社会经济发展程度也相对较低。

进入 21 世纪，尤其是党的十八大以来，国家不断加大对西部地区的开发力度、扶贫力度，使“三区三州”的支撑系统和人类社会方面发生了非常显著的进步。大量资金投入到交通网络的构建上，修建大量机场、公路、铁路等基础设施，传统上制约区域经济社会发展的交通等因素逐渐减弱。但人类仍然无法从根本上改变区域性生态系统，即支撑人居环境的地域空间无法彻底改变，寒冷的气候、高山峡谷的地形环境、高海拔的生态区位、水资源分布的不均衡等自然环境无法根本改变。而且人类也不能一味去追求改造自然，而应当是在基于尊重自然的基础上，合理利用本地丰富的各种资源，包括各种动植物资源、矿物资源以及丰富的水电资源，以实现区域内人居环境改善与脱贫致富。这正是对“三区三州”人居环境恶劣区域，实行易地搬迁、发展生态产业、推行生态旅游等一系列重要举措的根本原因。

自然的伟大力量，雕刻着我们的星球和生活。我们并不征服自然，而是学习与自然共处。有时我们退让，却让自己获得更广阔的生存空间；有时我们前进，是想更深刻地认识自然并善加利用。自然与我们，这就是发生在中国“三区三州”的故事。

山南市光伏园

卫星从太空持续观察并见证，我们对自然善加利用，将阳光用现代化的方式转化为人们的收入。

扫码观看《路》

贰 路

荒漠、山岭、高原、绝壁，起伏的地势绘就出了奇幻的画卷，
但也阻隔了彼此的交通联络，出行与脱贫备受制约。
路，是改变这一切的开始。
“特别是在一些贫困地区，
改一条溜索、修一段公路就能给群众打开一扇脱贫致富的大门。”

西藏自治区林芝市墨脱县局部。这是一个森林与雪山共存的地方。

一条路激活一座城

青藏高原东南部，雅鲁藏布江在群山险峰中拐了个马蹄形的 180 度大弯，并在这方圆百十千米的大拐弯地带，切割出世界上最深的雅鲁藏布大峡谷。被称作“西藏西双版纳”的墨脱，就镶嵌在峡谷深处。

从卫星图上看，墨脱县西、北、东三面被喜马拉雅山脉和岗日嘎布山阻隔，南面毗邻印度，穿越境内的雅鲁藏布大峡谷和帕隆藏布峡谷又难以逾越。山高崖深，外加地质复杂，一旦大雪封山、泥石流暴发，道路阻隔，这座隐藏在云雾、雪山、密林当中的“莲花秘境”转眼就会变成一座“高原孤岛”。

从卫星视角俯瞰雅鲁藏布大峡谷一隅

这里曾是中国唯一不通公路的县。漫长的岁月里，墨脱的路只有踩出来的羊肠道、简易的溜索，以及木桥、藤桥。上山下山，再上山再下山，生活于此的珞巴族、门巴族、汉族、藏族等各族群众世世代代只有翻过雪山、穿越深谷绝壁才能出山。生活所需的物资和建筑材料，只能靠人背马驮，翻越嘎隆拉、多雄拉两座雪山，从波密县的扎木镇或米林县的派镇运进来。

这是在途中小憩的“孤岛背夫”

新华社记者　姜恩宇 · 摄

墨脱通公路以前，县里的物资全靠人背马驮。墨脱的粮食、药品、盖房用的钢筋水泥、铁皮等都是这些背夫们和马帮翻雪山、过塌方、穿峡谷，或背或驮，运进去的。

那时，无论从哪个方向进出墨脱，马帮和背夫都要冒死攀爬悬崖峭壁，风餐露宿。每次往返都是生死险途：人行古道要穿过热带雨林和皑皑雪山，窄处仅容一人行，绝壁深谷在侧，蚂蟥毒虫横行，朝顶烈日，夜宿深山。

门巴族汉子旦增江措，12 岁开始做“背夫”，和大人们翻越多雄拉雪山，到附近的米林县派镇换取必需生活物资。旦增江措曾目睹一位同伴因简易木桥断裂而跌入湍急的河流。他想救，却也没法救。

墨脱当地的马帮行进在塌方区

新华社记者　普布扎西 · 摄

墨脱县崎岖的山道被当地人称为“魔鬼肠子”，一年四季塌方、雪崩、泥石流不断。公路不通造成墨脱县所需各类物资长期以来靠人背畜驮，马帮成为当地特殊的运输队。

20 世纪 80 年代末，墨脱县城所在地墨脱镇有门巴族、藏族居民 1 100 多人，大多数人从事背夫和马帮生意。当时，墨脱镇处在一片沼泽包围之中，大家住在木板茅草搭建的吊脚楼里，出行要踩着沼泽中的木桩“练功夫”，生计主要靠打獐子、卖麝香、走马帮维持。仅有的 14 千米乡村马道，是全镇唯一找得见的路。

封闭的地理环境和特殊的气候条件，使墨脱成为最难抵达的诗和远方。修一条公路通往外面的世界，是墨脱人民世世代代的期盼。

你知道在墨脱筑路有多难吗?

据气象监测统计，印度洋暖湿气流沿雅鲁藏布大峡谷北上，遇雪山阻隔形成降水，使墨脱年降水量达到4 000毫米。地震、泥石流、滑坡、塌方、水毁、雪害等危害公路建设的地质灾害和自然灾害在这一地区高度集中，修建墨脱公路一度被认为是不可能的事。

这是2020年12月20日近地面风速和相对湿度观测

据《西藏公路交通史》记载，早在1961年，西藏军区就曾对墨脱公路开始前期勘测。1965年，筑路大军试图打通老虎嘴，沿帕隆藏布江、雅鲁藏布江修筑通往墨脱的公路，最后因“修了8公里、花了80万元、死了8个人”而不得不停工。

20世纪70年代，墨脱公路项目再次上马，可雪崩、泥石流很快就将刚刚修好的路面摧毁。1989年，公路项目第4次上马。至1994年1月，一条简易公路终于修成，汽车第一次开进墨脱县城。但通车不久，由于地质构造极不稳定，部分路段很快被大面积塌方和泥石流毁坏，最终成了“马行道”。

这是多雄拉山间，从墨脱县到米林县派镇的马帮故道（2019 年 4 月 10 日摄）

新华社记者　周锦帅 · 摄

但墨脱公路的建设并未止息，国家从来没有放弃过对墨脱公路的建设。从 2002 年起，有关部门对墨脱公路进行了前期勘察设计，并于 2007 年立项开展了“西藏扎木至墨脱公路建设关键技术研究”，努力攻克了高海拔、恶劣气候条件下公路隧道建设等核心技术难题。2009 年 4 月，总投资达 9.5 亿元的墨脱公路新改建工程全线动工，并被列入西藏“十一五”重点建设项目，由武警交通一总队等单位共同承建。

这条北起波密县扎木镇，跨越江河、翻山越岭，抵达墨脱县城的山间公路，先后跨越波斗藏布等 6 条江河，全线 117.278 千米。北段是喜马拉雅高山寒带，南段是雅鲁藏布热带雨林，南北高差达 2 000 ~ 3 000 米，山势异常险峻。横卧中部的嘎隆拉山脉，成为墨脱公路的“季节大门”。青藏高原寒冷气流和印度洋暖湿气流在这里相融交汇，使其终年处于积雪降水期，年均降水量大于 1 700 毫米。同时，这里位处印度洋板块和欧亚大陆接合部，穿越喜马拉雅、墨脱两个大地震带，地形起伏大、降水量大、地震烈度高、地质灾害多、地质条件极为复杂。筑路的困难程度难以想象。

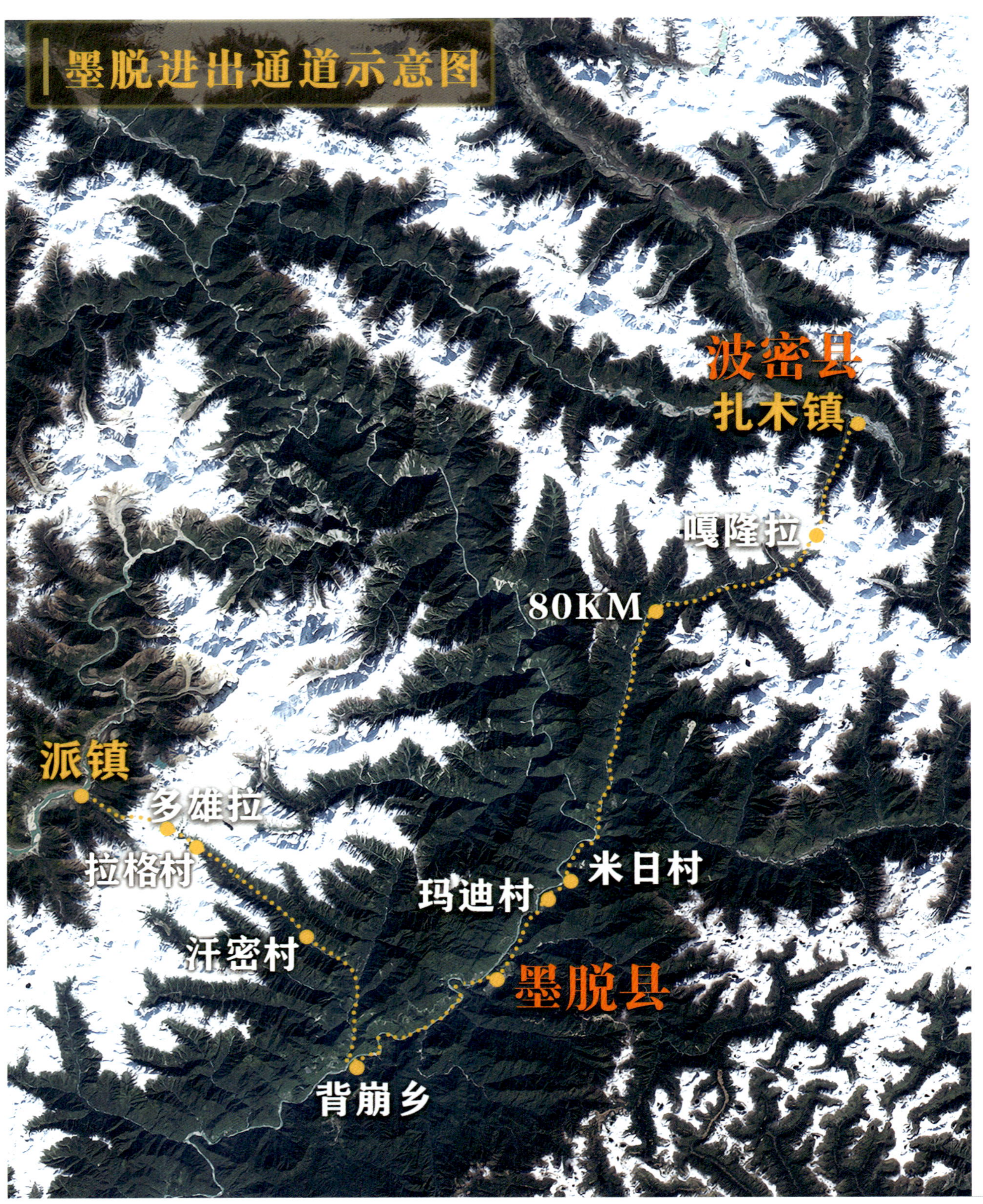
墨脱进出通道示意图
波密县
扎木镇
嘎隆拉
80KM
派镇
多雄拉
拉格村
米日村
玛迪村
汗密村
墨脱县
背崩乡

卫星视角下的嘎隆拉隧道夏季环境

进出墨脱的两条通道——扎墨公路和派墨公路

作为墨脱公路先期准备工程的嘎隆拉隧道，又是全线施工作业难度最大、地质和气候条件最恶劣的重点控制性工程。成功修建了二郎山等我国多座高原隧道的武警交通一总队，集中了数百名技术精英，集结了近百台（套）国内最先进的钻探和掘进设备，夜以继日地奋战在海拔 3 800 米的嘎隆拉隧道中。武警官兵采用地质雷达等先进施工技术，克服温差达 30℃的高寒环境，先后攻克了强涌水、大断层等诸多建设难题，成功突破了 11 处大断层和冰川泥石流堆积体。

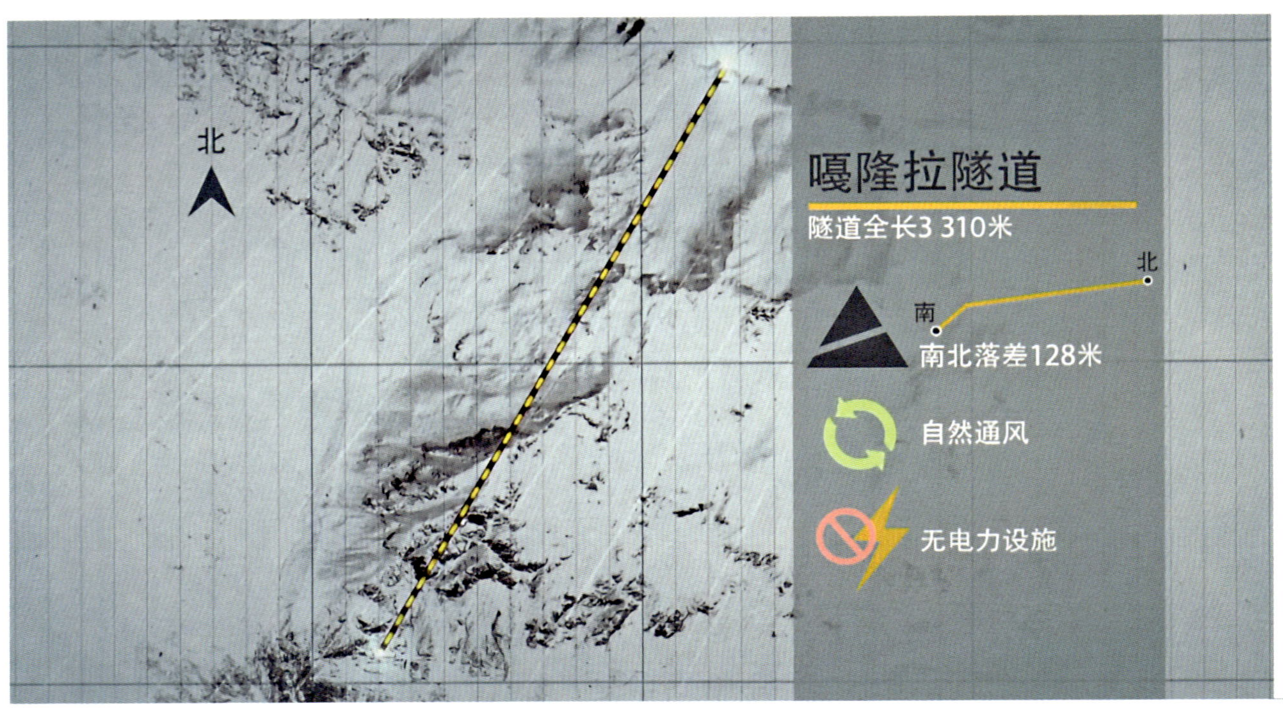

施工期间，为了突破暗流涌动的大断层，武警官兵以每天紧急抽排近 5 万立方米涌水的工作量，实行 24 小时不间断抽排。担任武警某部交通支队测绘班班长的张智勇，就是这群武警官兵中的一员。每天一大早，张智勇跟战友们带着水和压缩干粮，背着 20 多千克重的测绘设备，爬上山坡，扎进隧道，一干就是一整天。雪灌进鞋里化成水，皮鞋成水鞋又冻成冰鞋。

测绘工作要为隧道施工确定至关重要的掘进方向和路线，这个岗位相当于“舵手”。为早日打开“墨脱之门”，张智勇和战友们与时间赛跑，因为就在隧道修建过程中，仍有人在翻山时丢了性命。2009 年，相恋多年的女友田亚琴带着洁白的婚纱，跨越千山万水来到嘎隆拉隧道项目部探望张智勇。在嘎隆拉雪山见证下，二人终于结为夫妻。再后来，他们的孩子张秉墨出生。张智勇说，“秉墨”意为“秉承墨脱公路精神”。

2010 年 12 月 15 日上午 10 时，迄今为止国内穿越断层最多、地应力最强、水体渗水最丰沛的高原隧道——嘎隆拉隧道成功贯通，打破了墨脱一年只通车 3 个月的“冰封”，使墨脱公路比原翻山路段全程缩短 25 千米，行人和车辆得以避开最凶险的雪山路段。

卫星镜头下的嘎隆拉隧道口

嘎隆拉隧道贯通后 原来 4 个多小时的山路，现在只需 4 分钟即可穿越。

嘎隆拉隧道在山中走向示意图

嘎隆拉隧道全长 3 310 米，平均海拔 3 700 米，进口海拔 3 771 米，出口海拔 3 630 米，最大埋深 821 米，北南出进口落差达 128 米，相当于 40 层楼的高度，因地形复杂，被称作“隧道地质病害百科全书”，创造了气候条件最复杂、区域地震烈度最高、构造运动最活跃、坡度最陡等四项世界第一。

2010 年 12 月 15 日，两名背夫即将第一次通过隧道前往墨脱

新华社记者 觉果 · 摄

脱贫攻坚战役打响后，墨脱公路的全线贯通也进入了倒计时。

习近平总书记深深牵挂着墨脱公路的建设。2013 年 3 月 9 日，习近平总书记来到十二届全国人大一次会议西藏代表团参加分组审议时，还特意问起墨脱公路的情况。也就是这一年的 10 月 31 日，历经半个世纪的接力修建，这条艰险的公路终于打通，从波密县扎木镇起，穿越山岭，直达墨脱，也激活了墨脱。

俯瞰嘎隆拉隧道墨脱县一侧的墨脱公路

新华社记者　李鑫 · 摄

随着中国最后一个不通公路县正式纳入中国交通版图，墨脱就此进入现代化发展的快车道，脚板上的墨脱已变成车轮上的墨脱。

这也许是世界上最艰险的公路，短短 117.278 千米，穿越 6 个地质断裂带、400 多处地质灾害点，平均每千米 3.6 处，是名副其实的“公路地质灾害博物馆”。

高分一号卫星在 60 万米高空，感知着墨脱公路沿线山体植被覆盖的变化。

2014 年 7 月，它捕捉到 43 处塌方；

2015 年 8 月，它捕捉到 9 处泥石流；

2016 年 4 月，它捕捉到 7 处较大泥石流；

2017 年 3 月，它捕捉到 10 余起雪崩……

2020 年 9 月 17 日，它捕捉到的一次山体塌方，摧毁了整段道路的路基。

高分一号卫星 2020 年 9 月 17 日捕捉到的一次山体塌方

在这条道路上，养护队员每天都在修复道路，泥石流大的时候需要花费半天的时间修复，才能勉强通车。他们不畏艰险、战天斗地，把墨脱公路的年通行时间稳定在10个月以上。这些年，队员们完成了多少次抢险保通任务，多少次和死神擦肩而过，恐怕连他们自己也数不清楚。

随着道路保通队伍越来越强大，路况也变得越来越好。“山顶在云间，山底在江边，说话听得见，走路得几天。”这首当地民谣中勾勒的以往墨脱交通的画面，如今已成为历史，但通路的变化不止于此。

2020年，扎墨公路迎来柏油路面。同年4月，从林芝市巴宜区到墨脱县城的班线客运车开通，途经全县5个乡镇、12个行政村和1个自然村。同年5月起，进入墨脱的扎墨公路告别了四驱车越野时代，正式进入了两驱车时代。

短短7年时间，墨脱公路从泥泞之路到柏油路的全面铺设，雨季的泥石流塌方减少，危险系数有效降低。“莲花秘境”不再遥远，一条柏油路，从波密翻越嘎隆拉直抵墨脱县城，沿途不绝于耳的瀑布群，曾经的藤桥溜索也逐渐被更多人了解。

卫星视角下紧邻墨脱县城的果果塘大拐弯

墨脱县德兴乡“四代桥”

几十米宽的江面，曾是生死险途。同一地点，架设着 4 座不同时代的桥梁，其中最古老的藤桥，建成时间已无法考证。

路通了，以前进不来的电网工程建设、扶贫产业项目随之而来，更多的墨脱特产也得以走出大山，并走得越来越快、越来越远、越来越好。

当地农牧民因地制宜，在拥有暖湿气候的墨脱种上了亚热带水果。香蕉、柠檬为主，蜜柚、木瓜、甘蔗、芒果、柑橘和波罗蜜为辅，使亚热带水果种植业成为增收致富的优势产业。2012 年，墨脱开始试种茶树，3 年后采摘茶青。经过几年的发展，墨脱已建成高标准茶园 25 个，面积近 8 000 亩。每年，全县茶青采摘量近 2.5 万千克。

“种什么长什么”的天然优势，在通路之后成为带动地区发展的强劲动力。2018 年，墨脱全县脱贫摘帽。一栋栋新房建起，各式车辆络绎不绝，民宿、饭馆红红火火。生产生活设施越来越多，显示出墨脱的新鲜活力。

脱贫攻坚，交通先行。日益繁密的路网，将更多人和物产与外界连接，带动经济繁盛、乡村振兴。

2021 年 5 月 16 日 10 时 16 分，伴随着推土机、挖掘机的轰鸣，第二条通往墨脱的公路——派墨公路老虎嘴隧道贯通，比原计划工期提前 228 天，标志着历时近 7 年建设的派墨公路全线贯通，并计划于 2022 年底前竣工通车。到那时，米林县、墨脱县、波密县将形成环状公路网，打破墨脱交通瓶颈，可极大缓解墨脱县的外出交通压力。

一条路改变一个民族

在我国最大的峡谷区、横断山区、滇缅交界处的深山峡谷中，“三江并流”之外的“第四江”——独龙江，浩浩荡荡，蜿蜒向前。峡谷中保留着完好的原始生态环境，蕴藏有丰富的自然资源。然而，山高谷深、千曲百回、积雪冰封的地理气候环境，在相当长的一段岁月里，使这里与世隔绝。过江靠溜索，出山攀“天梯”，这就是独龙族人的世代生活方式。

独龙江乡政府所在地2020年卫星图景观

派墨公路米林段

新华社·发　董志雄·摄

2015～2020年，西藏农牧区基础设施建设投入达547亿元，农村公路通车总里程增长逾30%，达到8.9万千米，654个乡镇和4 094个建制村通硬化路，乡镇、建制村通达率分别达到100%和99.96%。

独龙族，这个古老而神秘的民族，经历漫长的迁徙流动和民族分化，其先民迁到了滇西北的独龙江流域。这里高黎贡山与担当力卡山并肩耸立，独龙江奔腾向南，形成“两山夹一江”的高山峡谷。全国仅约 7 000 人的独龙族，有 4 200 多人聚居在独龙江大峡谷中。由于长期与世隔绝，独龙族鲜为外界所知。

清道光《云南通志》记载:“俅人居澜沧江大雪外，系鹤庆、丽江西域外野夷。其居处结草为庐，或以树皮覆之。男子披发，着麻布短衣裤，跣足，妇女缀铜环，衣亦抹……更有居山岩中者，衣木叶，茹毛饮血，宛然太古之民。”在今天的独龙族博物馆里，陈列着拍摄于 1923 年、后来向世界公布的第一张独龙族人照片。照片中的独龙族男子，披发，赤脚，身上裹着两块麻布，腰上挂着一把砍刀，形象与清朝史书所称的“宛然太古之民”相去不远。

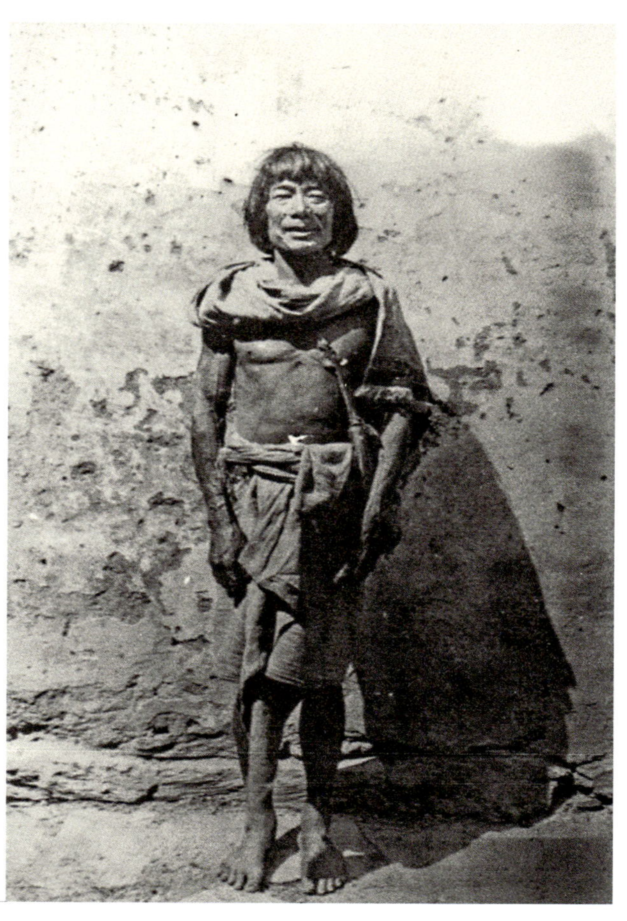

这是拍摄于 1923 年、后来向世界公布的第一张独龙族人照片

新华社记者　江文耀·翻拍于独龙族博物馆

云南省怒江傈僳族自治州贡山独龙族怒族自治县独龙江乡乡长孔玉才说：“新中国成立前，独龙族遭受反动统治者的压迫和剥削，被当成‘野人’，没有自己的族名，甚至落到濒临灭亡的境地。”

新中国诞生后，太阳照进独龙江，“独龙族”这个响亮的族名之由来，即是证明。孔玉才的爷爷、贡山独龙族怒族自治县第一任县长孔志清是当年的亲历者。据《独龙族简史》记载和他生前回忆——

1952 年初，他在京参加中央人民政府民族事务委员会扩大会议，周恩来总理看望与会代表，和蔼可亲地一一询问他们叫什么名字、从哪里来、是什么民族。轮到他时，他激动地握住总理的手说：“我们的民族过去被人叫为‘俅子’，我们自己称为独龙人。”

在周总理亲切关怀下，这个民族此后正式定名为“独龙族”，废除了“俅帕”“俅子”“曲洛”等名称，结束了长期被歧视的历史，成为中华民族大家庭中的平等一员。

在中国共产党的团结带领下，各民族一律平等，独龙族有了政治权利，实现从“野人”到“人”的跨越。独龙族迎来了本民族历史上的第一次变革，从原始社会末期直接过渡到社会主义社会，告别了民族压迫，翻身当家做主人。但自然地理和气候条件形成的天然桎梏，依然困扰着独龙族人民的生活。每年 11 月到次年 5 月，暴雪封闭高黎贡山海拔 3 672 米的南磨王垭口，外面的人进不去，里面的人出不来。村民之间的通信靠放炮，全乡与外界的联络仅依靠一部手摇电话。

1964 年，政府开辟了一条翻越高黎贡山、全长 65 千米的人马驿道。这条特殊的生命线，连通了一个民族和外面的世界。

应运而生的是马帮。他们需要在每年 6 月份开山解封的季节，把粮食、盐巴、药品和生产资料抢运进山。每年封山之前，独龙江乡 6 个村的干部各带领本村二三百人，要步行 3 天到贡山县领取免费发放的化肥、粮种、洋芋、塑料薄膜等生产资料。巴坡村村民迪世荣和弟弟迪要华当时是国营马帮的赶马工。迪世荣回忆，国营马帮有 500 多匹骡马，40 多名赶马工，每年的运输任务不低于 55 万千克。每年 6 月到 10 月是雨季，马帮几乎天天泡在雨中。迪要华记得，当时 20 岁的他用塑料薄膜蒙住头，打着手电筒冒雨赶路，天黑就睡在路边的树下。

为了改变封闭、闭塞、贫穷的局面，一条耗资超过 1 亿元的公路最终在 20 世纪的最后几年动工了。1999 年，全长 96.2 千米的独龙江（简易）公路全线贯通，马帮的历史使命由此终结。独龙族也成为我国最后一个通公路的民族，人背马驮变成汽车运输，他们从封闭走向开放，发展步伐开始加快。改革开放的暖风吹到独龙江大峡谷，国家发展进步了，对少数民族的扶持力度不断加大。这是独龙族历史上迎来的第二次变革。

2010 年以来特别是党的十八大后，党和政府全力帮助独龙族摆脱贫困、迈向小康。

2011 年，独龙江公路改建工程开工。

2014 年，独龙江公路高黎贡山隧道全线贯通。

2015 年 11 月，独龙江公路改建工程完工，独龙江乡彻底告别了每年有一半时间大雪封山不通公路的历史。这条改建后的公路被称为独龙族人的“富裕之路”，而高黎贡山隧道贯通后，从独龙江乡到贡山县，开车只需要 3 个多小时。

穿越高黎贡山的独龙江公路

新华社记者　江文耀 · 摄

这是独龙江乡种植羊肚菌的农田

新华社记者　江文耀 · 摄

到 2020 年，全乡草果种植面积近 70 000 亩、葛根种植 700 多亩、黄精种植近 700 亩、羊肚菌种植近 500 亩、重楼种植 1 700 多亩，实现产业发展全覆盖，逐渐形成了具有独龙江地理标志性的品牌。

拼版照片上图：独龙族群众通过藤篾桥（资料照片）
下图：独龙江乡白来感恩大桥

新华社记者　胡超 · 摄

随着交通迭代升级，从原始社会走来的古老民族，加快融入现代文明。

“一袋贝母换一匹布，一张兽皮换一块茶”的原始交换消失了，取而代之的是绿色生态背景下的现代产业。规模化的草果、重楼、羊肚菌种植，科学化的独龙牛、独龙鸡养殖，给独龙族人带来了稳定、可观的收益，也彻底改变了他们的社会分工方式。“种地一起种，打猎一起打”的现象随之远去，各行各业开始人才辈出。他们有了本民族的教师、医生、干部、军官、农艺师、民族学者……

伴随着交通升级，独龙江乡的通信也得以更新换代。人们通过手机看新闻、看视频，普通话听多了以后，说得也更标准了。随之普及开来的还有移动支付，从乡镇到村寨的大小商店，都可以使用。有了交通和通信的双重支持，电商在高山峡谷中也流行起来。

独龙族人，已从封闭、保守、落后的“民族直过区”，走向开放、包容、发展的新天地。随着脱贫攻坚力度不断加大，独龙族村村通了硬化路，家家住上安居房，人人都有社会保障。曾经低矮破旧、透风漏雨的竹篾房、木楞房和木板房，如今已难觅踪影，仅有少量村组保留一些供种地时用。和竹篾房、刀耕火种一样消失的，还有千百年来如影随形的饥饿与贫穷。

这是独龙江畔的巴坡村群众安居房

新华社记者　杨宗友 · 摄

上图：独龙江乡中心学校旧址（资料照片）
下图：崭新的独龙江乡中心学校教学楼

新华社记者　胡超 · 摄

上图：解放前的独龙族孩子（资料照片）
下图：独龙江乡九年一贯制学校的孩子们面对镜头摆出各种造型

新华社记者　胡超 · 摄

总书记情牵独龙族，中南海连着独龙江。

2018 年底，独龙江乡 6 个行政村整体脱贫，独龙族实现了整族脱贫，当地群众委托乡党委给习近平总书记写信报喜。2019 年 4 月 10 日，总书记给乡亲们回信道贺。他在信中写道：“让各族群众都过上好日子，是我一直以来的心愿，也是我们共同奋斗的目标。有党的坚强领导，有广大人民群众的团结奋斗，人民追求幸福生活的梦想一定能够实现。”

奋斗，正是独龙江激扬的旋律。独龙族人深信，在中国共产党的团结带领下，“更好的日子还在后头”。

2019 年 5 月，独龙江乡建起了 5G 试验基站，加速拥抱现代文明。

2019 年 12 月，独龙江旅游景区被评为国家 3A 级景区，乡里的旅游业也越来越红火。一位村民感叹，乡里从没这么热闹过。

站在波涛滚滚的独龙江畔，江风顺着峡谷吹向远方。曾经泥泞狭窄的土路、简陋破败的茅草房不见踪影，迎风飘扬的五星红旗、灰顶黄墙的独龙民居、整洁的街道如同一幅画卷，让人难以想象这里曾是与世隔绝的“贫困孤岛”。

“直过民族”包括基诺族、布朗族、佤族、德昂族、景颇族、傈僳族、怒族、独龙族和部分拉祜族、哈尼族、瑶族等民族，主要聚居在云南。他们在新中国成立之初，从原始社会、奴隶社会等社会形态，直接过渡到社会主义社会。当年涉及人口约66万人，如今“民族直过区”已有人口230多万人。一段时间里，“直过民族”群众发展条件落后，贫困问题突出。在党和政府的关怀下，各族群众努力奋斗，逐渐摆脱千年贫困，迎来了新的历史性跨越。2020年11月，云南宣布怒族、傈僳族实现整族脱贫，至此，云南11个“直过民族”历史性告别绝对贫困，实现整族脱贫。

这是2019年4月18日拍摄的独龙江乡

新华社记者　江文耀·摄

独龙江畔，这个民族“一跃千年”。他们告别苦难，迎来阳光。他们告别封闭，走向开放。他们告别原始落后，拥抱现代文明。新中国的70余年，他们仿佛进入了时空穿梭隧道，沧桑巨变，千古未有。

直过民族·脱贫影像

左图：怒江傈僳族自治州贡山县独龙江乡迪政当村独龙族的“文面女”李文仕（前排左）一家合影［新华社记者　江文耀·摄］
右图：李文仕和其他村民的房子，这些房子是当地政府统一修建的［新华社记者　江文耀·摄］

直过民族·脱贫影像

左图：西双版纳傣族自治州景洪市基诺山基诺族乡洛特村洛特老寨基诺族村民阿二（后排右）一家合影［新华社记者　胡超·摄］
右图：阿二家 2017 年修建的新房［新华社记者　秦晴·摄］

直过民族・脱贫影像

左图：怒江傈僳族自治州泸水市大兴地镇维拉坝“珠海社区”傈僳族村民杨玉兴（左）一家合影［新华社记者　秦晴・摄］
右图：大兴地镇维拉坝“珠海社区”一角。杨玉兴一家 2018 年 12 月从大兴地镇维拉罗三组搬入该社区［新华社记者　胡超・摄］

直过民族・脱贫影像

左图：德宏傣族景颇族自治州芒市三台山德昂族乡出冬瓜村三组德昂族村民李腊六（右）一家合影［新华社记者　胡超・摄］
右图：李腊六家的房子入选了古村落保护项目，于 2017 年进行翻修，保持了原始的建筑风貌。现在经营特色民宿［新华社记者　秦晴・摄］

直过民族·脱贫影像

左图：西双版纳傣族自治州勐海县布朗山布朗族乡老曼峨村布朗族村民岩干温（左）一家合影［新华社记者　秦晴·摄］
右图：岩干温家 2012 年建成的房子，左上角的玻璃房主要用于晒茶制茶［新华社记者　胡超·摄］

直过民族·脱贫影像

左图：怒江傈僳族自治州贡山县丙中洛镇秋那桶村雾里一组怒族村民王里各（后排右）一家合影［新华社记者　江文耀·摄］
右图：王里各家正在修建的房屋和客栈［新华社记者　江文耀·摄］

直过民族・脱贫影像

左图：普洱市西盟佤族自治县勐梭镇班母村拉祜族村民扎莫（后排左）一家合影［新华社记者　胡超・摄］
右图：扎莫家 2015 年建成的房子。当地降水量大，很多家庭会在房前搭建棚子，用于晾晒农作物［新华社记者　秦晴・摄］

直过民族・脱贫影像

左图：德宏傣族景颇族自治州芒市西山乡营盘村芒良村民小组景颇族村民董跑腊（后排右）一家合影［新华社记者　胡超・摄］
右图：董跑腊家 2017 年翻修的房子。董跑腊在当地糖厂打工，还养殖竹鼠，经营沙滩旅游［新华社记者　秦晴・摄］

直过民族 · 脱贫影像

左图：普洱市西盟佤族自治县新厂镇永广村一组佤族村民呢秒（前排右）一家合影［新华社记者　胡超 · 摄］
右图：呢秒家的新房 2017 年建好，旁边的老房子现在用作厨房。
呢秒一家种植青贮玉米 5 亩，套种皇竹草 20 亩，主要用作企业养牛的饲料［新华社记者　秦晴 · 摄］

一条路打破贫瘠与困顿

横断山区绵亘几十里甚至几百里的高大山脉，大体呈西北向东南扩展，从而导引独龙江、怒江、澜沧江、金沙江等大江大河自西北往东、东南、南三面展开，形成帚状水系。从独龙江往东，跨过怒江、澜沧江，就是长江水道的重要组成部分——金沙江。在金沙江大峡谷与西溪河峡谷的交会处，四川省凉山彝族自治州布拖县的阿布洛哈村就隐匿在群山之中。这里三面环绕着海拔 3 000 多米的群山，一面临金沙江的支流西溪河，抬头壁立千仞，脚下深渊万丈。彝语中，阿布洛哈的意思是“高山中的深谷”“人迹罕至的地方”。

阿布洛哈村的历史，一度写满闭塞、疾病、困顿与恐惧。20 世纪 60 年代，凉山一带麻风病盛行，当时的布拖县把全县 300 多名麻风病人集中在阿布洛哈村里隔离集中治疗，阿布洛哈村从此就被叫作“麻风村”，直到 2007 年 7 月才被正式命名为阿布洛哈行政村。

若干年后，麻风病消失了，但贫困依然存在。早前的数据统计显示，阿布洛哈村的贫困发生率一度达到 72%，居民超过一半是建档立卡的贫困户。2005 年，时为四川省教育厅干部的林强来到阿布洛哈村调研，拍摄了大量反映阿布洛哈村恶劣生存状况的图片，这些震撼人心的画面公布后，偏僻、贫穷的阿布洛哈村被世人知晓。

这是 2005 年 10 月 8 日
阿布洛哈村一家三口麻风病患者和一名健康的孩子合影

新华社 · 发　林强 · 摄

这是 2005 年 4 月 21 日拍摄的阿布洛哈村二组一角

新华社 · 发　林强 · 摄

从 2005 年开始，在中国共产党的团结带领下，当地政府和社会各界齐心协力，帮助阿布洛哈村摆脱贫穷落后的面貌。2005 年下半年，村里建起了小学；2006 年，村里加宽了上山的山崖路；2007 年，村里的“八一饮水工程”竣工；2010 年，阿布洛哈村通电了……脱贫攻坚战打响后，村里的条件一天天改善，新村、新居、新产业、新农民、新生活“五新同步”，破旧的茅草房变成了土坯房和砖房，村民刷牙洗脸的习惯慢慢养成，年轻人走出大山务工、参军，还有人考上了大学。

时间到了 2017 年，阿布洛哈村的变迁是巨大的，但整体脱贫的任务仍然很重。人们常说“要想富，先修路”，现在制约阿布洛哈发展的就是路！村里的农产品越来越多，但出不去。进出这里只有两条路：一条是往上徒步约 4 000 米、翻越落差约有 1 000 米的山崖路。走这条曲曲折折的山路，稍有不慎就会人畜坠崖。另外一条路是往下走到谷底，通过溜索前往河对岸，然后徒步 2 小时到达通车的公路。但下游的溪洛渡水电站已经蓄水，水位涨落不定，溜索常常被淹。只有到了夏季，水位下降期间，铁索露出水面，村民才能靠溜索到对岸。

村民唯一迫切的希望，就是有一条通往外界的便捷通道……

阿布洛哈村的村民且沙次干背羊过溜索

新华社 · 发　林强 · 摄

羊有 35 千克重，时年 26 岁的且沙次干就这样攀着溜索过河，到县城把羊卖了，再换一些米、盐巴、辣椒回家。抵达溜索之前，他要先走 3 个多小时的山路。照片记录下的这一幕发生在 2005 年。那山路像一条缠绕在山壁上的带子，又窄又陡，最窄的地方只够放一双脚。

2017 年 1 月 8 日，阿布洛哈村村民阿达色贵牵马送记者上山

新华社记者　江宏景 · 摄

交通是阿布洛哈村脱贫攻坚最大的“硬骨头”，路难走，会要人命。

2018 年，来自四川宜宾的驻村工作队员罗俊刚到这里时，被村后一眼望不到顶的悬崖吓得不轻。他第一次出村花了 5 小时，回村又花了 4 小时。很多路段，他几乎是连手带脚“爬”着过去的。

因为过往的历史，阿布洛哈村的易地搬迁困难重重，唯有解决交通问题才有可能让这里彻底摆脱贫困。2019 年 6 月，在村民期盼的眼神中，一条四级通村公路正式动工。

在悬崖峭壁上修一条公路有多难？短短 3.8 千米，每千米造价超过千万元，甚至一度动用米 -26 重型运输直升机修路。这也是我国交通建设史上第一次为了修一条通村路，动用重型直升机。

难题不断出现，修最后 1 千米时，施工队发现，悬崖两边断裂纵横交错，还可能随时发生大面积塌方。在一次意外塌方中，挖掘机滚下悬崖，挖掘机手当场牺牲。经过专家团队研讨，修路方案改为“全隧道”。不到 4 千米要打 3 个隧道，其中 2 个隧道之间架设钢构桥。为了尽快通路，工地上高峰期同时有 300 多人赶工，24 小时“三班倒”不停歇。

盼了几代人的梦想就要实现了，人们的心情越发急切。为了让村民在 2020 年元旦就能较为方便地出行，公路通车前，施工队还修了一座悬崖“摆渡车”。

阿布洛哈村通村公路的修建过程（这是一张拼版照片，从左至右依次拍摄于 2018 年 11 月 15 日、2019 年 7 月 18 日、2019 年 12 月 27 日）

新华社记者　江宏景 · 摄

这里三面环山，一面临崖，进村公路要穿过“V”形的大峡谷，曲曲折折缠绕在山壁之上。

2020 年 6 月 30 日，阿布洛哈村通村公路全部建成，全国最后一个不通公路的建制村通车。这也意味着，我国农村公路建设实现了历史性跨越。

崭新的公路打破了贫瘠与困顿，阿布洛哈村迎来了史无前例的变化。家家户户都有了一幢二层小楼，住进新房，每户村民自掏腰包的钱不超过 1 万元。村里正在修建羊圈，养殖业将创造集体收益，这是阿布洛哈村第一次拥有自己的集体经济。

2020 年 8 月 30 日，记者抵达阿布洛哈村的时候，黄色的农村客运小巴正停在阿布洛哈新村的客运站，接孩子们到镇上上学。当时只有 19 岁的村文书阿达牛色羡慕不已，他记得自己小时候出村上学，走悬崖上的山路，一度走到哭。

曾经几乎与世隔绝的阿布洛哈，已不再是“阿布洛哈”，通了公路，就像池塘连接了大海。2020 年 11 月，阿布洛哈村所在的布拖县成功“摘帽”，阿布洛哈村的贫穷、困顿与恐惧也随之终结。

阿布洛哈村通村公路、新村集中安置点和原来出村的羊肠小道（2020 年 6 月 29 日摄）

新华社记者　江宏景 · 摄

现在，坐车去县城只要 2 小时。

从阿布洛哈村所在的凉山州首府西昌向北约 700 千米，一条“云端天路”在青藏高原上蜿蜒前行，伸向遥远的天际。这就是位于四川省阿坝藏族羌族自治州壤塘县的“上南天路”。

2016 年，在国家交通运输部定点扶贫支持下，全长约 34 千米的“上南天路”公路修通，打通了牧民群众出行的“最后一公里”。一条传奇的公路，贯通了不为人知的秘境，也助推了“交通 + 旅游”发展，路景融合，吸引着八方游客接踵而至，成为壤塘旅游的一张“靓丽名片”。

在阿坝州的黑水县，85% 以上的村寨都处于高半山，为了降低爬升的坡度，这里的路修成了“之”字形，蜿蜒曲折。在黑水县的日多村，通村道路更是通到了每一户人家，果蔬产业示范园内的农产品从通山路蜿蜒而出，远销外省。

磅礴大地上，一条条希望之路徐徐铺开，如同一条条毛细血管，使贫瘠通往富足，困顿奔向希望。截至 2020 年 9 月底，“十三五”期间，全国农村公路总里程已经达到 420 万千米，占公路总里程的 83.8%；共解决了 246 个乡镇、3.3 万个建制村通硬化路难题，惠及 6 亿多农民。

脚下的路好走了，生活的路也将更加平坦。

位于四川省阿坝藏族羌族自治州壤塘县境内的“上南天路”
（2020 年 6 月 29 日摄）

新华社记者　沈伯韩 · 摄

“上南天路”最高处海拔 4 200 米，连接壤塘县上杜柯乡和南木达镇，此前两个乡镇之间无路可通。

扫码观看《水》

水

“民以食为天，食以水为先。”
2020 年夏季，
以喀什地区伽师县为主的最后 1.53 万人喝上了“放心水”。
卫星见证了这场历史性巨变，它不仅意味着，
中国最大的干旱区——新疆，家家接通自来水。
也意味着南疆千万人口，
在水与沙、甜与苦的战斗中，取得历史性胜利。

水来万物生

这是高分二号卫星于2018年10月27日拍摄到的一张水库影像，它就是新疆阿克苏地区柯坪县苏巴什水库。水库位于柯坪县城西北方向10千米处的苏巴什河出山口，控制流域面积4 428平方千米、总库容1 561万立方米，是一个集灌溉、防洪、改善生态等功能为一体的中型水利枢纽工程。

就是这样一座并不宏大的水库，却承载着柯坪几代人的梦想。

柯坪是一个传统的农业县，位处天山南麓、塔克拉玛干沙漠北缘，荒漠、戈壁、山区面积占全县总面积的70%以上。与南疆四地州多数地区的干旱气候类似，在大陆性暖温带干旱气候的影响下，柯坪县降水稀少，年均降水量仅为73.8毫米，但蒸发量却是降水量的近40倍。水，弥足珍贵。而更糟糕的是，这里春夏两季的旱涝形成了水资源利用的两个极端。春季，柯坪几乎不会下雨，可“农时不等人”，春灌成了最让人“头疼”的事情；到了夏末，雨水又多得让人发慌。柯坪人害怕，因为地里还有等待收割的小麦和长势正好的棉花。由于没有承载能力，持续降水极易导致苏巴什河水位上涨，引发山洪。

2010年9月17日，洪水将苏巴什河一道200多米长的永久性防洪坝冲毁，这是近年来柯坪最大的一次洪灾。阿恰勒乡(2015年改镇)5 200亩棉田被淹。

2012年7月25日，洪水又将县里盖孜力克镇库木亚开发区的防洪坝冲毁，苏巴什河下游约2 000亩农田被淹，50间房屋不同程度坍塌，2口机井损毁。

2018 年启用的苏巴什水库

“苏巴什”意为“水的源头”。建设一座冬季能蓄水、春季能灌溉、夏末能分洪的苏巴什水库，曾是柯坪各族群众共同的夙愿，但却历时 40 余年才得以建成。

2000 年的柯坪县

从卫星图上看，柯坪县西、北、南三面环山，中间是盆地，东部敞开的狭窄门户成了苏巴什河唯一的出水口，而阿恰勒乡正好处在出口位置，每遇山洪暴发，必受殃及。

柯坪人一面渴望水，一面恐惧水。水，成了柯坪摆脱贫困、谋求发展道路上，难以解开的矛盾又不得不攻克的“堡垒”。

1951—1985 年，柯坪县、乡、村三级党员领导干部积极带领农牧民群众开渠引水，解决了该县玉尔其乡、柯坪镇、盖孜力克乡、阿恰勒乡大部分农田的灌溉用水问题。除此之外，还先后修建过 3 座水库，但这些水库建成不久便被洪水冲垮。柯坪人并不气馁，也不敢气馁，只能奋起，再造柯坪。

时任柯坪县委书记李黔南曾许下承诺：“要让涝坝水成为柯坪的历史。”为了这句话，他不分昼夜带领一批批共产党员、各族群众、解放军战士，由阿恰勒乡西边的玉尔其乡进发，用十字镐等简陋的工具，从山口开沟挖渠，一锹一锹，硬是挖出了一条长达十余千米的水渠。

20 世纪 70 年代，柯坪县开始举全县之力修建苏巴什水库。可当时没有测绘仪器，也没有施工机械，更没有专业的技术人员，所有水利部门人员只能凭借对地形地貌的了解进行规划设计。由于水库工程巨大，1971 年动工建设时，招聘了许多当地农民，给予每人每月 18 元的补贴。盖孜力克乡一位名叫艾依塔木・阿皮孜的老人就是当时的建设者之一，他身上为修建水库留下的疤痕时至今日依然清晰可见。

艾依塔木・阿皮孜回忆说：“那年我才 17 岁，刚高中毕业。因为被分配到了柯坪县水管所，就参加了水库修建工作。可是当时没有现代化的机械，所有土方工程全靠人力挖掘，为了抢工程进度，很多人每天休息的时间不到 4 小时，而因拉运土方累坏的毛驴和压坏的手推车更是没法计算……”

1971 年 9 月，一场特大洪水让柯坪人此前的努力付之东流，2 000 多人刚刚建起的水库大坝崩溃了。面对这一沉重打击，柯坪人再次展现出不屈不挠的韧劲。1977 年初，在苏巴什水库建设工地上，2 000 多名柯坪人外加 260 辆毛驴车，再次拉开了“冬季蓄水”工程；1983 年 3 月，苏巴什“引水”工程开工兴建，同年 5 月 20 日，工程总体基本完成。然而几年后，肆虐的洪水又一次将柯坪人不懈努力的成果毁得一干二净。也就是从那时起，建成一座能蓄水、能灌溉，还不会被洪水冲垮的苏巴什水库，成为柯坪人的宏愿。

2014 年，随着脱贫攻坚力度不断加大，苏巴什水利枢纽工程正式列为《全国“十二五”大中型水库建设规划》的水库之一，设计控制灌溉面积 7.2 万亩。

2015 年 3 月，这座总投资 2.3 亿元、坝长 351.5 米、坝高 35.5 米、总容量为 1 561 万立方米的水库终于开工建设，并于 2018 年正式启用。

2020 年的柯坪县

水库下游，扩大的绿洲面积，在卫星影像中清晰可见。

苏巴什水库托起了人们再造柯坪的希望，将苏巴什河下游河道的防洪标准，由过去不足“5 年一遇”提高到“20 年一遇”，极大地减轻了柯坪“老灌区”农牧民的防洪负担。水库启用至今，全县新增灌溉面积达 3 万亩，当地农民人均增加 1.1 亩耕地。

水来万物生。甩掉了“靠天吃饭”的包袱，柯坪人很快便挣脱了“唯粮是农”的思想束缚。过去，这里几乎只种植小麦、玉米等粮食作物；现在，有了梦寐以求的水利工程和高效的灌溉技术，棉花成为柯坪的主要作物，蔬菜种植规模也渐渐扩大起来。如今，这里从仅有恰玛古、胡萝卜 2 种蔬菜，发展到西红柿、茄子、豇豆、花菜、芹菜、韭菜、莲花白等 19 个品种。“菜园子”越来越丰富，不少人家都搭起了小拱棚，贫困户蔬菜种植基地也随之建立，并在全县逐步构建起蔬菜订单生产供应链，不断拓展人们致富的路径。

是苏巴什水库和柯坪人不屈的奋斗，让这片干旱的土地重新焕发出盎然生机，带来了万物生的希望和力量；也正因为有了苏巴什水库，柯坪的生存环境不断得到改善，绿洲面积正不断扩大，有效阻止了风沙对灌区的侵袭。

脱贫攻坚战役打响以来，这样的变化并不仅仅属于柯坪。在更广阔的视野里，卫星见证着一个个水利工程，为干涸的土地带来滋养，仅 2016 年至 2020 年，全国新增和改善农田有效灌溉面积就达到 8 000 多万亩，新增供水能力高达 181 亿立方米，为贫困地区的发展提供了强有力的支撑。

位于新疆巴音郭楞蒙古自治州尉犁县境内的恰拉水库

这一始建于 1958 年的水库，几经扩建，承担着周边 40 余万亩耕地的农业灌溉和近 10 万人饮水的供给使命，而蓄水水源就来自塔里木河。

位于新疆阿克苏地区拜城县境内的克孜尔水库

作为新疆最大的水库，克孜尔水库不仅是世界濒危珍稀鱼种扁吻鱼的栖息地，同时还承担着灌溉、防洪兼顾发电、水产养殖、改善生态用水等重要任务。

告别苦咸水

新疆和田地区策勒县一位农民在一处涝坝边取水（资料照片）

新华社记者　沈桥 · 摄

这张照片拍摄于 20 世纪 90 年代，照片中这位农民取水的涝坝，曾经遍布塔里木盆地。

“涝坝”是什么？蓄水的大坑。

因夹于大漠和大山之间，终年干旱少雨，生活在新疆塔里木盆地的居民不得不广挖蓄水坑，在汛期将山洪引入大坑，人畜靠一潭死水度过长达数月的旱季。

涝坝水是什么颜色？

年近古稀的艾比布拉 · 托合提说：“有时像红茶一样红，有时又是绿色的。等到只剩‘锅底子’时，蝌蚪、飞虫和垃圾，什么都有，坑里的水就变成绿沫子。喝水时，得用纱布或者头巾过滤，常常是人在这边喝，牲畜在对面喝。有时渴急了，牛羊和人抢着喝。”

即便这样，一滴水，人们恨不能当成几滴用，而洗脸、种地、饮水的方式，更是超乎想象。

涝坝水是什么味道？

家住和田地区墨玉县乃再尔巴格村的古丽妮娅罕 · 图荪尼亚孜说：“苦，苦得像嚼了青树叶子。”

而阿克苏地区柯坪县的涝坝水，不仅苦，而且咸。那里有一片红沙漠，复杂的矿物质把沙粒染成红色，也让本就稀缺的水源又苦又咸，折磨着一代代柯坪人。一生吃过“三种水”的柯坪老人买买提 · 阿不拉，回想少年时，冬天冰封河面，需破冰化水；春天，水里长有各种微生物，特别是在蝌蚪繁殖季节只能喝“蝌蚪水”。喝着这第一种又苦又咸的涝坝水，许多人都患上了大脖子病（甲状腺肿大）、氟斑牙和结石病。

千百年来，这里的人们难寻一口干净水。他们病在“水”上，穷在“水”上，也盼在“水”上。自新中国成立以来，为了让群众喝上安全水，国家和自治区投入巨大财力、物力。但要在茫茫大漠和昆仑山腹地找到一捧清泉，绝非易事。

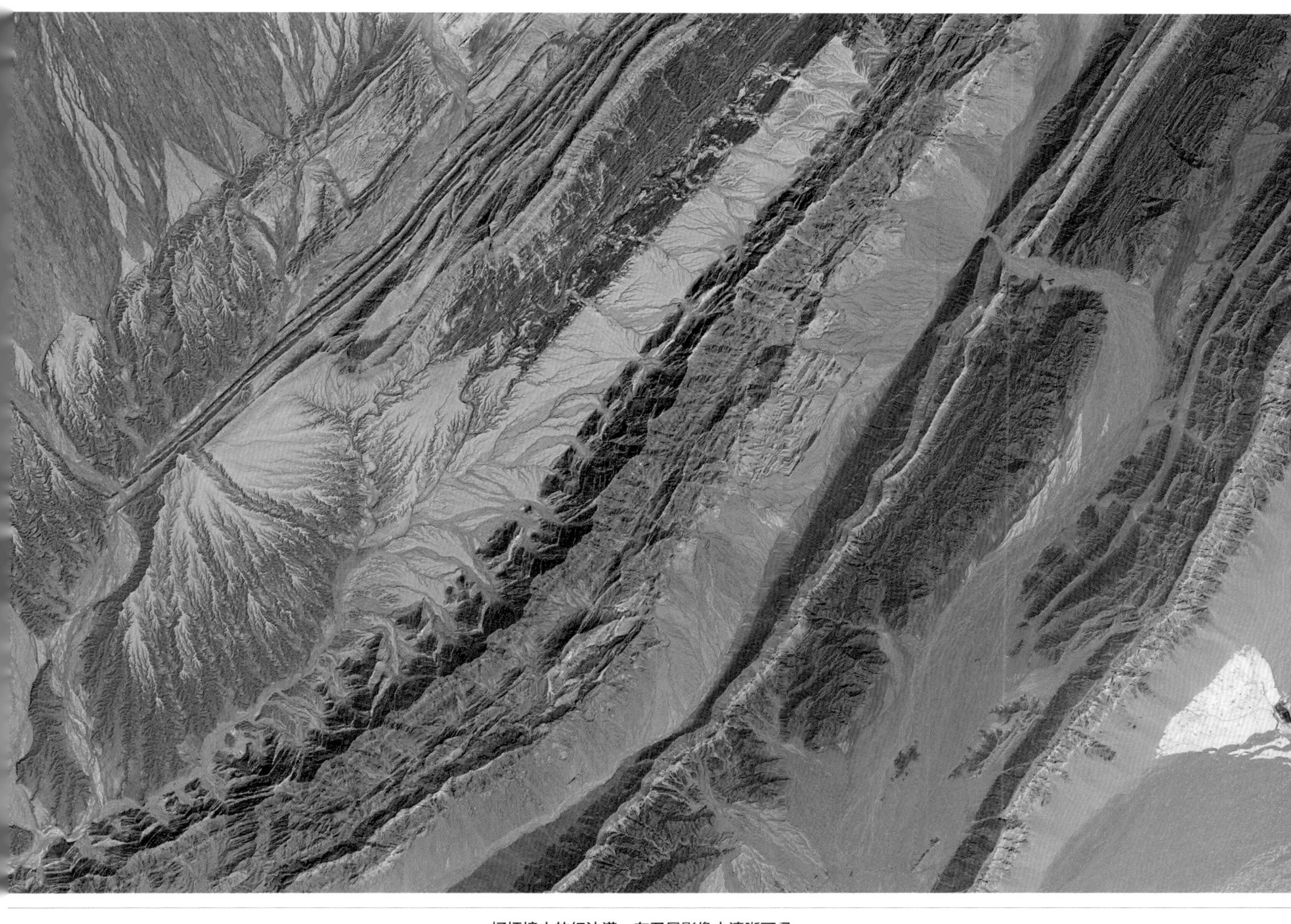

柯坪境内的红沙漠，在卫星影像中清晰可见

无人机拍摄的柯坪红沙漠

新华社记者　胡虎虎 · 摄

“柯坪县全县境内无好水。”

这是20世纪80年代，国家水利部经勘测后，对柯坪县水质做出的最后结论。柯坪全县的地下水、地表水硬度高、矿化度高，硫酸根离子、硫化物超标，属“苦咸水”。

为了解决全县居民的饮水问题，柯坪县从1995年开始了长达20多年的改水工作。

那一年，伴随国家“防病改水”工程的实施，新疆启动大规模人畜饮水工程建设，各地纷纷打机井、修水塔、铺管道，致力于终结涝坝的千年使命。柯坪县的改水工作也随之启动。为了挖渠引水，书记、县长、农牧民齐上阵。30千米的山渠，人人有份，买买提·阿不拉老人当时负责其中的6米。

他说：“我们是揣着馕、卷着铺盖去的，吃住在工地，许多人手都打起了血泡。”

不久，引水工程贯通，清澈的山泉水流到山下乡村。“山泉水比涝坝水好多了，干净。”话讲到这，那年通水时的喜悦又浮现在买买提·阿不拉老人脸上。这是他喝过的第二种水。

但水的问题并没有完全解决。山泉水是来了，味道却还是又苦又咸。为此，多项农村水处理工程又在柯坪县陆续建成并投入使用。柯坪的乡亲们喝上了直接入户的自来水，水源来自经过水厂处理的地下水和山泉水。但由于缺少优质水源，水质差、水量不足、设备运行成本高等问题仍然存在。而随着柯坪县城区规模扩大、城乡居民生活水平不断提高，用水供需矛盾日益突出，饮水问题“扼住”了柯坪脱贫与发展的咽喉。

2014年，“全县无好水”的柯坪县走出了县界，到周边地区多处地下水丰富区进行水文地质详查，对水质、水量、供水保证率等反复比对。最终，100千米外的温宿县恰格拉克乡英巴格买里村，被选定为柯坪县近6万人的新水源地。

但数亿元的资金投入，成了横在贫困县面前的无解难题。

转机发生在2016年。为彻底解决广大农村地区安全饮水问题，中央政府安排专项资金，兴建安全饮水工程，并重点向深度贫困地区倾斜，加大力度保障新疆贫困地区饮水安全。

得益于中央和自治区的支持，总投资6.09亿元的柯坪县城乡饮水安全工程，于2016年12月开工建设，并迅疾提速，在2018年10月底全面完工。

阿克苏地区柯坪县城乡饮水安全工程

新华社 · 发

甘甜洁净的饮用水，接入每户农家。柯坪全县的父老乡亲们，从此告别了涝坝水和山泉水，更告别了世世代代饮用“苦咸水”的历史。

已过古稀之年的买买提·阿不拉老人，在家中没有烧奶茶，而是烧了一杯自来水。几口喝下，他咧嘴一笑，露出已脱落不全的牙齿，“这水跟以前的味道都不一样了。”这是他吃过的第三种水，也是最放心的水。

“民以食为天，食以水为先。”农村供水事关人民福祉。从找水喝，到喝上水，再转向喝好水，这样的变化从柯坪县蔓延至整个阿克苏地区。

阿克苏、克孜勒苏、和田、喀什……清水潺潺，流向塔克拉玛干沙漠村庄，流向昆仑山牧区，流向帕米尔高原乡村。如今，在国家支持下，越来越多配备了水处理设备的现代化、规模化水厂分布在沙漠绿洲大小乡村。

2020 年夏季，以喀什地区伽师县为主的最后 1.53 万人喝上“放心水”。一场历史性巨变悄然发生：中国最大的干旱区——新疆，家家接通自来水。这也意味着，南疆千万人口在水与沙、甜与苦的战斗中，取得历史性胜利。

“苦尽甘来”，在这场持续 8 年的脱贫攻坚战役中，国家实施农村饮水安全和巩固提升工程，累计解决 2 889 万贫困人口的饮水安全问题，饮用水的水量和水质全部达标，3.82 亿农村人口受益；贫困地区自来水普及率从 2015 年的 70% 提高到 2020 年的 83%。

这是和田地区策勒县城乡饮水安全工程的供水总厂

新华社记者　胡虎虎 · 摄

策勒县供水总厂工程总投入 3 亿多元，于 2019 年 9 月正式通水，覆盖策勒县城区、4 个乡镇及易地搬迁区的生活用水，日供水能力约 3.5 万立方米。

广西大化瑶族自治县江南乡上和村群众的家庭水柜分布在房前屋后

新华社记者　黄孝邦 · 摄

“一水三用贵如油，洗菜洗脚又喂牛”是过去广西大化瑶族自治县山区群众应对常年缺水生活的真实写照。长期以来，瑶山人用大大小小的水桶水缸、屋顶砌出的小围墙来承接雨水，储备起来供日常使用。干旱时，家家户户相互接济，共度难关。随着国家农村饮水安全和巩固提升工程的实施，瑶族群众在房前屋后修建水柜。自 2016 年以来，大化县已建设家庭水柜 9 774 座、集中供水工程 352 处等，解决了 19.39 万人（含贫困人口 5.35 万人）的饮水安全问题。

沙

曾几何时，这里因风沙进逼，三次搬迁县城。
策勒人家更是四壁无窗，
“一天二斤土，白天吃不够，晚上再来补。”
30 多年过去，策勒西北 17 千米长的风沙线上，
沙漠向后退了 3.5 千米。
实现绿色“握手”奇迹的策勒人，没有停下脚步，
又种下创造美好生活的新梦想，
正是在这里，科学让治沙和治贫发生奇妙融合。

扫码观看《沙》

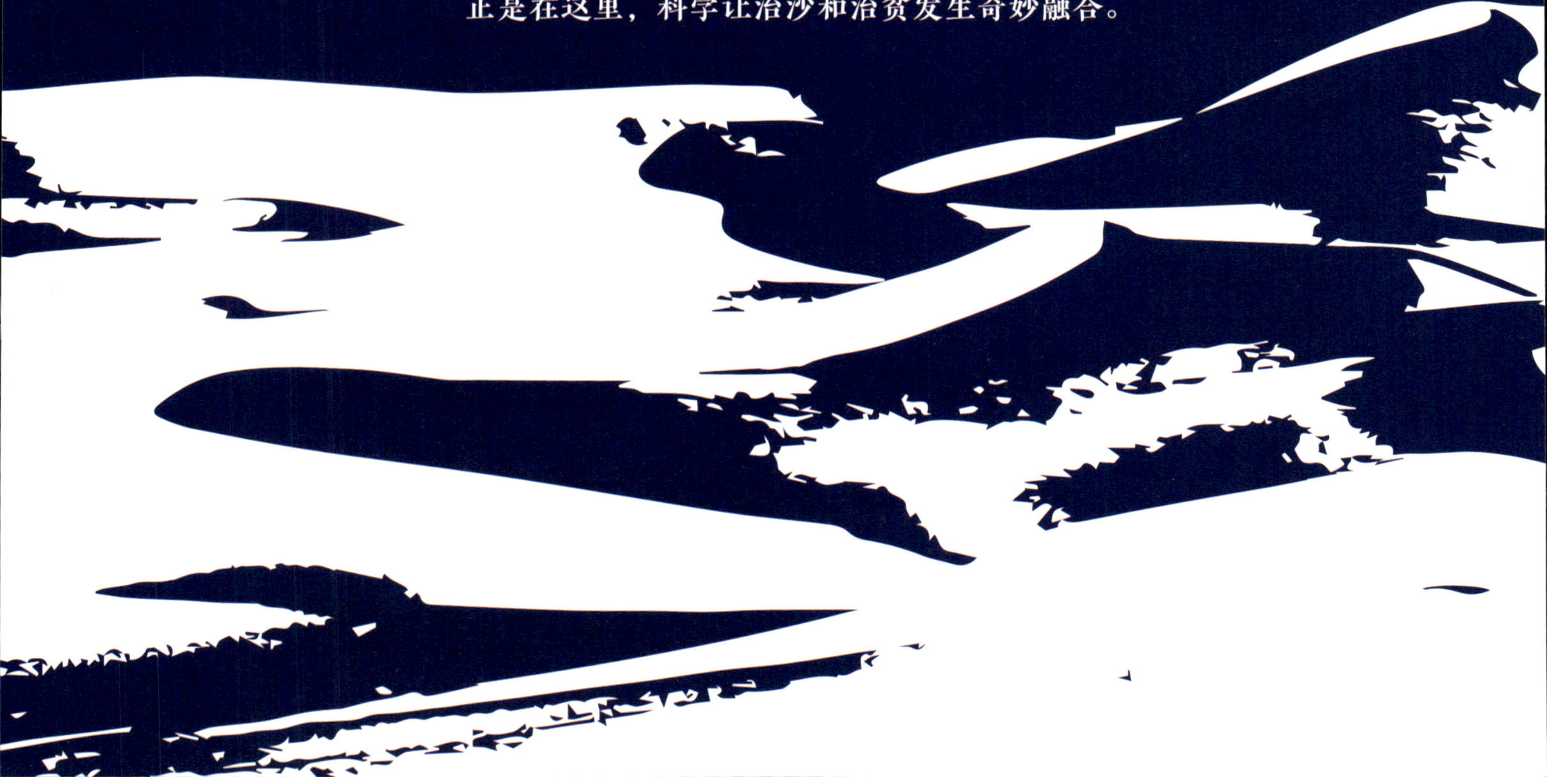

沙漠边缘的生存

从柯坪县向南数百千米，卫星在塔克拉玛干沙漠南缘发现了一次绿色的“握手”。卫星定位显示，这里是新疆维吾尔自治区和田地区策勒县，一个曾是塔克拉玛干沙漠南缘风沙危害最严重的地方。

曾几何时，这里因风沙进逼，三次搬迁县城。策勒人家更是四壁无窗，只敢在屋顶开天窗，以防斜向刮来的沙子破窗而入。

年迈的策勒县村民托合提如则·麦铁木尔至今仍旧记得，最可怕的一次，沙海已到距离县城不足 2 千米的地方。风沙特别大，还把他的房子刮出个窟窿，沙子从窟窿灌进去，险些将他的两个孩子埋了。那些日子，每每回想起来，他都感到异常心酸。

而行走在南疆大地，时常会听人讲起这样的故事，或是说上这样一段民谣：“和田人，一天二斤土。白天吃不够，晚上再来补。”

风沙逼迫下，如今 80 多岁的策勒县托帕村老人图荪尼亚孜 · 图尔迪，从 1956 年到 1984 年的近 30 年间，不得不和村民们一起，从托帕村以西 25 千米处，不停东迁，先后搬了 4 次家。刚开始，每搬到一个地方，他都会用苇子扎成篱笆遮挡风沙，后来就彻底放弃了。

风沙肆虐下，图荪尼亚孜 · 图尔迪打记事起，家里就没了耕地，靠着三四只羊、一头毛驴和十几只鸡在集市上换粮食为生。

曾经的策勒，耕地稀少的情况非常普遍。沙漠和戈壁将这里的绿洲切成了 72 块碎片，而这些零碎绿洲的总面积还不到全县面积的 3%。

20 世纪 70 年代，图荪尼亚孜 · 图尔迪扛起坎土曼（一种农具），和村里的其他壮劳力自发到沙漠边种树。但因新栽的树苗没有灌溉水，眼瞅着树苗一棵棵死去，倔强的图荪尼亚孜 · 图尔迪在村里用木桶、葫芦灌满井水，再步行 10 多千米到沙漠边浇树。可这么做仍旧无济于事，沙漠还是在一点点推进。

老人愠怒地说：“沙漠肆虐很疯狂，一年四季什么都不给你，还会把你所有的东西都收走。’

是沙漠赶人走，还是人逼沙漠退？这不仅关乎脱贫攻坚，更关乎永续发展。

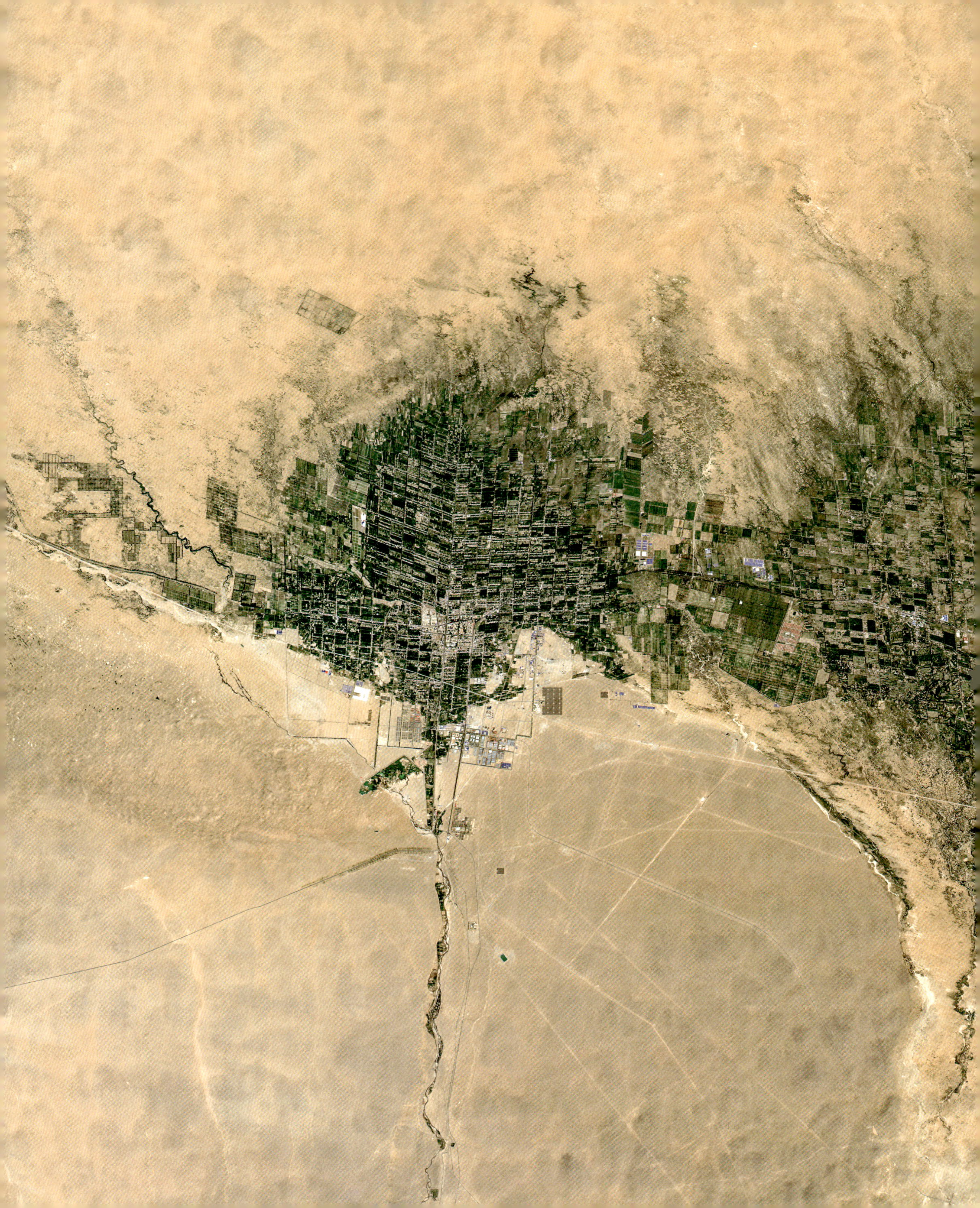

卫星于 2020 年观察到的策勒县

北纬 30 度附近，分布着一条“黄色项链”，那是地球上最著名的沙漠带。世界第二大流动沙漠——塔克拉玛干沙漠即是其中的一部分。而新疆阿克苏地区的柯坪县与和田地区的策勒县，就分别位处塔克拉玛干沙漠的北缘和南缘。

卫星于 2005 年观察到的策勒县

从卫星图上看，到 2005 年时，策勒县曾经破碎成若干碎片的绿洲，已形成东西两块大绿洲，但它们之间还远远没有实现人们热切渴望的绿色“牵手”。两地之间唯一的一片绿色，便是成立于 20 世纪 80 年代的策勒沙漠研究站。

策勒县的一位农民赶着毛驴车在沙尘天气中赶路

新华社记者　沈桥・摄

自 20 世纪 80 年代起，在党和政府的决策部署下，策勒人向沙漠发起顽强抗争，用 30 多年时间实现人进沙退。也是从那时起，一批科研人员来到策勒，耗费几十年的光阴，建起一座“荒漠化智库”—— 中国科学院新疆生态与地理研究所策勒沙漠研究站，源源不断地为当地防沙治沙提供科技支撑。

如今已是策勒沙漠研究站站长的曾凡江，是在 1997 年参加硕士考试来到这里的。

人们问他：“你是为啥来的？”

他说：“我是为沙来的。”

那时，中国荒漠化土地面积正以年均 1.04 万平方千米的速度扩展。胡杨、红柳、骆驼刺、沙拐枣……这些生于沙、立于沙的固沙植物，成为他的研究对象。

沙临城下，策勒的科研人员不断尝试搭建“多带式”防护体系抵御风沙。所谓“多带式”，就是以骆驼刺为代表的草本植物带，以红柳为代表的灌木林带，以白杨为代表的乔木林带。

人们通过自然恢复、人工种植相结合的手段，在沙漠与绿洲争夺地盘的前沿，自里向外搭起“乔灌草”三层生态屏障。

30 多年过去，曾凡江亲手种植的杨树、沙枣树已亭亭如盖。与此同时，策勒西北方向 17 千米长的风沙线上，沙漠向后退了 3.5 千米。西北风呼啸时，县城上空的尘土减少了 80%。

眼见策勒人进沙退的局面基本形成，人们把发挥重要作用的“多带式”防护体系称为“策勒模式”，推广到内蒙古、宁夏等沙漠化严重地区。至今，中国沙化土地面积年均缩减 1 980 平方千米。在一批批曾凡江这样的科研人员的帮助下，塔克拉玛干沙漠与栖息在它南部绿洲的策勒人，更像是互相陪伴的邻居，从斗争抗衡走到和谐共处。

但风沙引起的灾害仍未禁绝，人沙关系的深刻调整也促使科研人员的研究广度与深度不断拓展。如今，曾凡江带领 20 余名科技人员，不断在塔里木盆地南缘绿洲生态屏障建设、沙区农牧民增收技术等方面进行研究，不断为沙区百姓“用沙致富”贡献智慧。

中国科学院新疆生态与地理研究所策勒沙漠研究站

尽管它仅由数十名科研人员组成，但却是绿洲与沙漠间 1 400 千米风沙线上唯一以沙漠为主要研究对象的科研机构。朝着新疆和田地区策勒县城西北方向行进 6 千米，便进入策勒沙漠研究站实验区域。通往研究站的最后一段公路名为库木艾日克，在维吾尔语中，“库木”意为沙漠，“艾日克”是水渠之意，而沙漠和水正是策勒沙漠研究站最重要的两个研究主题。

沙漠边缘的梦想

在这片沙土地上，实现绿色“握手”奇迹的策勒人，没有停下脚步，而是又种下创造美好生活的新梦想。

经过几十年接续努力，科学，让治沙和治贫发生奇妙融合。治沙不仅为策勒人创造了新的就业岗位，还让他们走出了“以生态产业养生态工程”的可持续发展道路，而打开这条新路的“钥匙”，是一种沙漠中特有的植物：大芸。

大芸的学名叫肉苁蓉，寄生于红柳和梭梭的根部，有着“沙漠人参”的美誉，是一味难得的药材。因其极为名贵，中医将其称作地精或是金笋。在塔里木盆地，野生的大芸数量有限，加之长久以来，沙漠周边的农牧民随意采挖，不仅使野生资源濒临灭绝，也破坏了绿洲脆弱的生态。因此，科研人员很早便开始在策勒的红柳和梭梭林中，进行大芸人工接种的研究，直到近些年，接种技术才日渐成熟，并得以在策勒及其所属的和田地区推广。

治沙造林使大芸有了更多生长的空间，帮助改善人们的生活。每年春秋两季采收，大芸最高亩产可达 550 千克，亩均收入 4 000 ~ 8 000 元。年迈的托合提如则·麦铁木尔家也接种了大芸，算上养羊的收益，每年的纯收入可达 10 万元。大芸，俨然成了实现绿色“握手”的策勒，给人们拼命治沙、辛勤劳作的丰厚回馈。

看着人们脸上渐渐浮现的笑容，曾凡江觉得策勒沙漠研究站的科研人员所付出的一切，都是值得的。他说：“我是个有 20 多年党龄的老党员。总书记说，要把论文写在祖国大地上，真是说出了我们的心声。作为一名党员，一名科研工作者，我觉得我做的事很有意义。”

沧海桑田，曾经的贫穷和绝望逐渐远去，曾经风沙席卷的土地已草木葱茏。面向未来，科学家指出，人类既要遏制沙化，让一部分沙漠变回绿色，更要认识到沙也是生命共同体。

“绿水青山就是金山银山”已成为神州大地的共识，更多神奇的“握手”值得期待。

卡日斯迪克在展示刚刚从沙地里挖出的红柳大芸

新华社记者　尹栋逊 · 摄

伍

光

扫码观看《光》

人在哪里，就要把现代文明之光送到哪里。
于是，在这片土地上，有人的地方就有了光。
板上的电，板下的羊，塔上的劳作，
都为人们提供一份收入。
卫星记录下，一个个光伏项目平地而起，
在青海大地犹如鱼鳞阵列、蓝海翻涛，
不仅带动就业，振兴乡村发展，
更在生态修复、遏制土地荒漠化中贡献了新的力量。

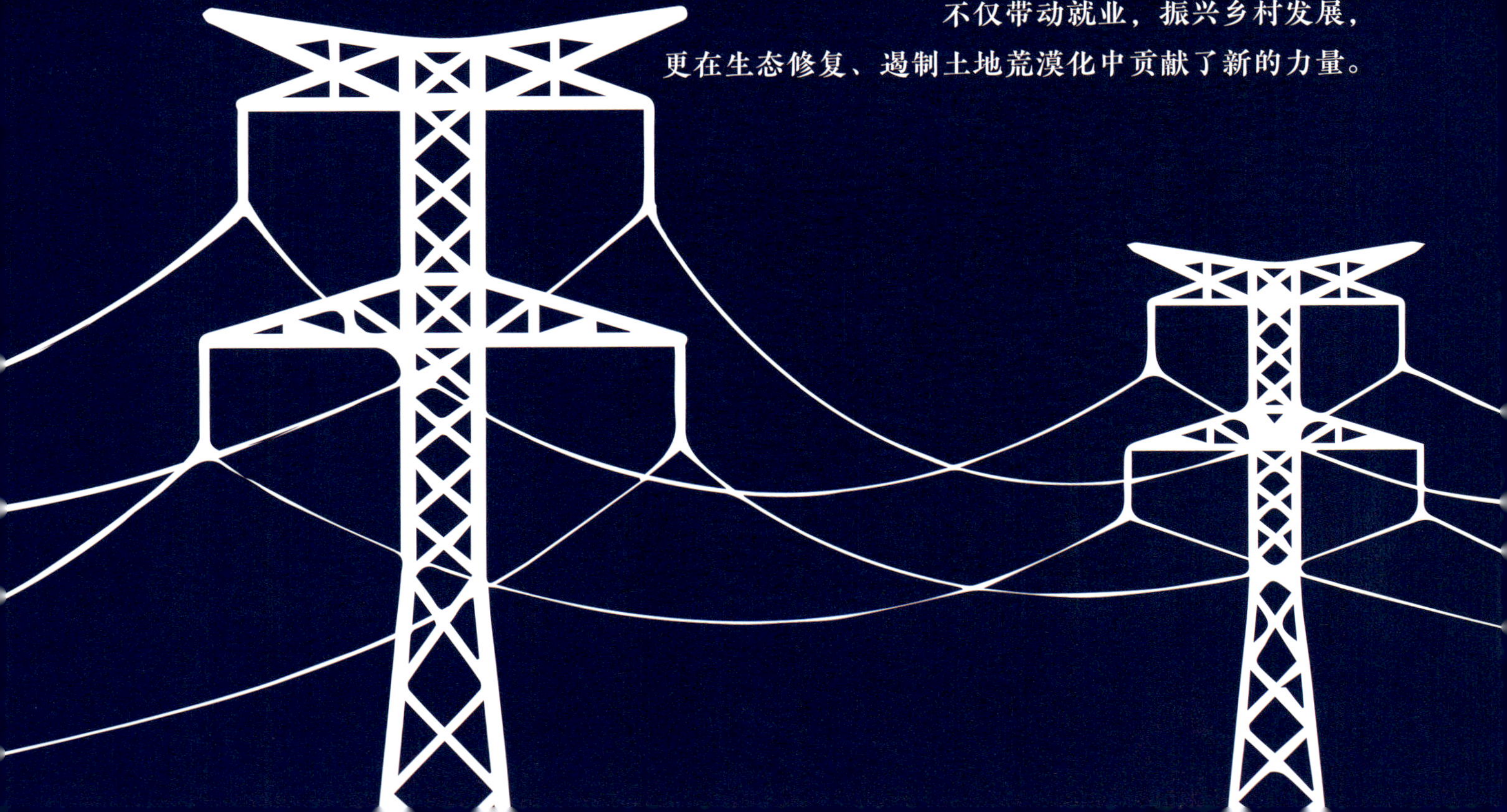

于是有了光

夜晚的可见光分布

卫星捕捉来自地面的可见光，记录着昼夜交替，也发现了关于光的故事。

1882 年 7 月 26 日，在上海，中国的夜晚与一种从未见过的光芒相遇——6.4 千米长的供电线路上，15 盏电灯同时亮起。当时的《字林西报》说，这些电灯装在好几处地方，凡有电灯之处，都聚集着不少群众围观。

电力，现代文明的象征。但第一次“触电”，中国的老百姓只能好奇围观，因为电是外国公司生产的，电灯是给外国租界用的。

1930 年，上海，江边电站全貌（上海市电力行业协会提供）

据《上海租界研究》一书中记述，1882 年 7 月 26 日夜晚亮起的 15 盏电灯，是这样分布的："虹口招商局码头四盏、礼查旅馆左近四盏、公家花园内外三盏、美记钟表行门前一盏、福利洋行门前一盏、电光公司门内外各一盏，该晚七时一齐放明。"

漫长的岁月里，小小的油灯、摇曳的火光，陪伴中国老百姓太多的沉默与无奈，也积攒着一代代人的希望。

1949 年，我国超过 80% 为无电人口，全年发电量大约只有 43 亿千瓦时。新中国成立后，人民的发电机快速运转起来，不仅城市、工业区建起一批发电站，农村也兴起一股办电热潮。曾经闪烁于繁华都市的灯光，照进了偏僻乡村的夜晚。

1955 年 12 月，山西，农民们围在一起看电灯

新华社记者　尹栋逊 · 摄

1955 年 12 月 1 日，山西新建的第一座小型农村水力发电站——明姜水电站正式发电，不但可以满足乡里 700 亩梯田实行机械灌溉所需的动力，带动碾米工厂 11 千瓦的设备运转，还可以使全乡 900 多户农民用上电灯。

1958 年 4 月，河北省静海县（今天津市静海区）北五里庄，农民在用钢磨磨面

新华社记者　田明 · 摄

1958 年 3 月，河北省静海县北五里庄的一座小型水电站开始发电，能满足 400 多户人家照明需求，还能带动小钢磨为群众磨面。

千百年用酥油灯的藏北牧民用上电灯

新华社记者　马竞秋　摄

1984 年，西藏那曲的[illegible]玛亭克村安装上风力发电机，成为藏北高原第一批风力发电村。千百年来烧牛粪、点酥油灯的牧民，终于用上了电灯。

点灯不用油，耕地不用牛，这是祖祖辈辈没有想过的日子。但随着用电的地方越来越多，新的烦恼也来了。

1989 年 8 月的一个夜晚，湖南省长沙县长乐塘村村民周厚其和丈夫再也坐不住了，他们决定给党中央写信。信中这样写道：“农民节衣缩食省下钱购买的送电、用电设备长年闲置在那里，不能为他们带来经济效益和生活方便。田野里的杂交晚稻处于壮苞孕穗时节，需要水来滋润，可是电动抽水机没有电，只好望机兴叹。农家照明用电就更缺了，有时一天 24 小时不来电，夜晚一片漆黑，一年 365 天时间，停电 300 天左右。对此，农民很有意见。”

这是一个农村家庭遇到的难题，也是一段时期用电负荷高度紧张、“僧多粥少”的缩影。当时的农村，一个乡镇，甚至几个乡镇，大都是一条输电线路送到底，人们喻之为“长藤结瓜”。一条输电线通过的负荷有限，前面的用户受益了，后面的用户只能望电兴叹。农村电网建设改造势在必行。

让老百姓用上电，更要用好电。几十年间，随着我国电力事业发展，没电断电的记忆渐渐远去。目前，中国电网规模排名跃居世界第一，发电量世界第一，用电量世界第一。

奇迹的背后，是一个国家为改善民生所付出的努力。

“刀片梁”上的光明使者

新华社记者　吴刚　摄

这里地处青藏高原边缘地带，平均海拔 2 200 米，从空中俯瞰，山脊犹如刀片一般，当地人俗称“刀片梁”。“刀片梁”不仅陡峭，山体踩下去还像土块一样松软，国家电网的巡线员就是要爬上这近乎垂直的陡坡，才能到达山顶的塔架，进行检修作业。

2015年12月，在平均海拔4 000米以上的青藏高原腹地，随着青海果洛藏族自治州果芒村和玉树藏族自治州长江村合闸通电，生活在这里的9 614户、3.98万无电人口实现通电，中国全面解决了无电人口的用电问题，让光明点亮最后的乡村角落。

长久以来，果芒村和长江村的人们点油灯过夜，烧牛粪过冬。后来有了小水电站，但发电量根本不够用，赶上枯水期就没有电。由于高寒缺氧、交通不便、自然环境脆弱，在这里实施通电工程难度极大。为了给生活于此的全国最后一批无电人口通电，同时又不破坏自然，呵护好三江源生态环境，施工材料都得靠人工和上千头骡马往山上运。

通电以后，村民们高兴地说："小水电、大电网，我们不懂。现在，电够用我们懂。以前的灯泡就是个红丝丝，现在就是个小太阳。"

如今，果芒村79岁的伊里奇，改变了几十年的生活习惯，不再天一黑就睡觉。

伊里奇老人说："有了电，就有了光明。"

人在哪里，就要把现代文明之光送到哪里。于是，在这片土地上，有人的地方就有了光。

果洛州玛沁县境内，骡马正在运送电力施工材料

新华社记者　张宏祥·摄

国家能源局提供的数据显示，2013—2015年，国家共安排投资247.8亿元，实施无电地区电网延伸和可再生能源供电工程建设，共解决273万无电人口用电问题。

于是羊回来了

卫星在青海省海南藏族自治州共和县境内发现的“海马”图案

从太空中观察，我们身处的大地，有时会呈现出意想不到的图案。上图这只“海马”，是我们熟悉的龙羊峡，黄河流经青海大草原后，进入黄河峡谷区的第一个峡谷。“海马”身边规则排列的黑色方块，是明显的人类活动痕迹——青海塔拉滩光伏产业园。

这是中国最大的光伏发电基地，面积609平方千米，接近一个新加坡大小。

十几年前，这里曾是快速沙化的荒滩，牧业难以为继，人口开始迁出。当光伏板竖起之后，地表蒸发得以减弱。每月一次的清洗维护，让电池板附近的草吸收到充足的水分，形成一片“板下绿洲”。曾经退化的草场植被，在光伏产业发展的牧光互补中得到修复。养殖业兴旺起来，有的人家甚至养了一两千只。据产业园工作人员介绍，有时候草长得羊都吃不过来，还要组织人工收割。

卫星观察到的塔拉滩光伏产业园 2015-2020 年的变化

光伏板把阳光变成洁净的电力，高压电塔又将它们送往更远的地方。生活在附近的人们，得以一边种地一边到光伏基地打工。板上的电，板下的羊，塔上的劳作，都为人们提供了一份收入。而在更广阔的视野里，更多的光伏产业园落地中西部地区，不仅创造了数以百万计的公益扶贫就业岗位，更在生态修复、遏制土地荒漠化中贡献了新的力量。

2017年

2020年

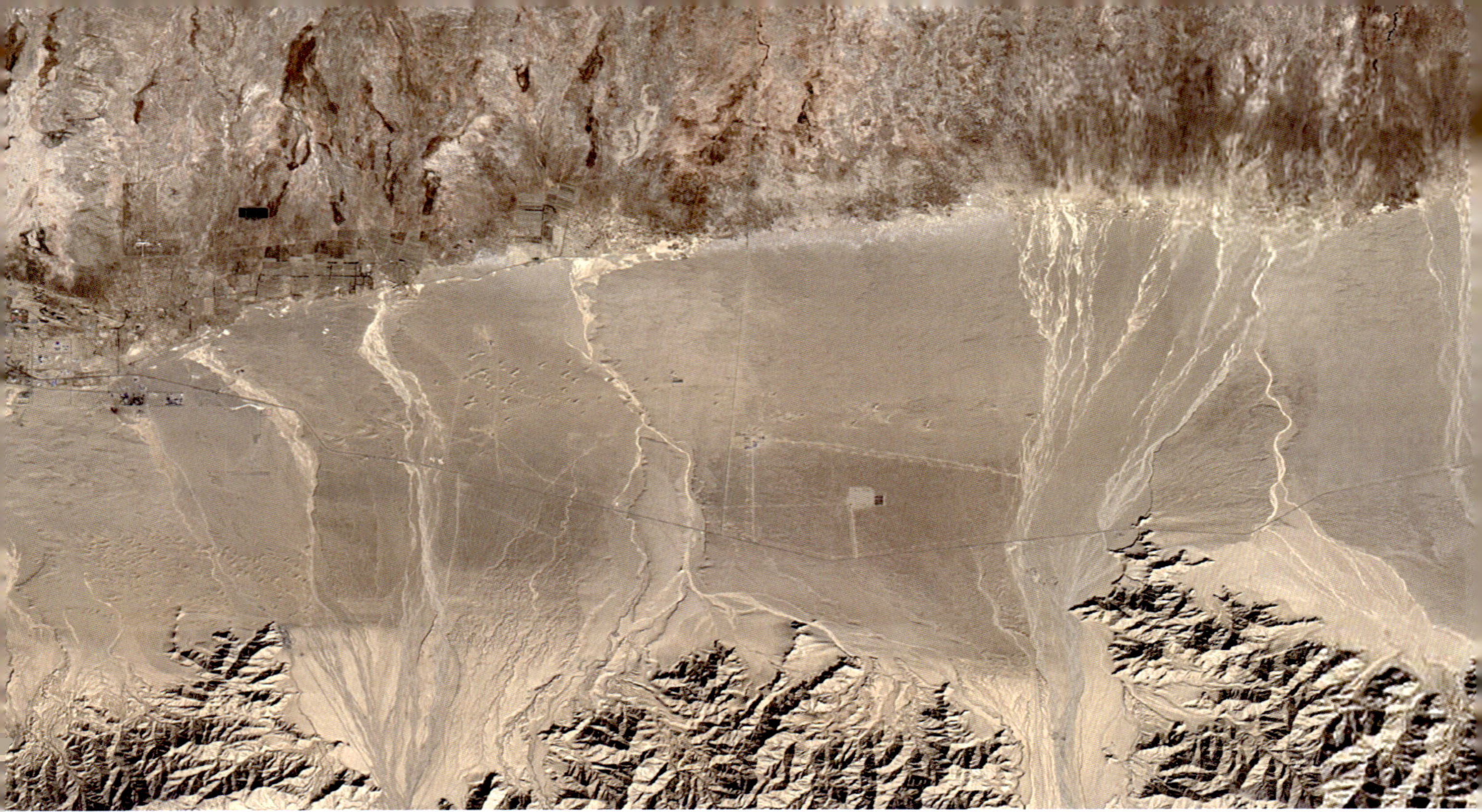

2010年

青海海西蒙古族藏族自治州格尔木光伏产业园 2010 年和 2020 年对比

格尔木太阳能资源丰富，光照充足、太阳辐射强。依托得天独厚的资源优势，这里的清洁能源项目建设为当地经济社会发展作出了积极贡献，也推动了青海省新能源产业的发展。

2020年

于是有人追光

中国自古流传“夸父追日”的故事，但很少有人理解，人为什么要穷其一生追着日头跑。

生活在青藏高原的吕有荣，或许是最能理解夸父的人之一。他活了 70 多岁，命运的沉浮一直取决于自己“追了”一辈子的太阳。

吕有荣自小生活在青海省海东市互助土族自治县的沙沟山。这里地处青藏高原的浅山地区，冬季气候高寒，夏季光照强烈，土地干旱贫瘠。

从卫星俯瞰这片土地，高山深谷像被斧子重重劈过，难以找出成片的耕地，而密布的沟壑则将散布于山坳的村庄重重隔开。

看遍沙沟山，靠山难吃山，耕地不成片，十年有九旱。对高原上强烈的阳光，吕有荣和乡亲们又爱又恨。

日头出来了，怕太阳。辛苦播下的种子、正在生长的苗子，就像即将干涸的河里挣扎生存的小鱼，多半枯死、旱死。

日头走了，又盼太阳。每逢雨雪过境，山路坑洼，山体滑坡、人畜跌落的危险时有发生。

打不上粮、喝不上水、娶不上媳妇……高原上艳阳高照，却照不进村民心里。

“大自然对我们太狠了！”说起生于斯、长于斯的沙沟山，吕有荣直掉泪。

2016年[illegible]月，129户村民告别祖辈们世代居住的大山，陆续搬迁至海东市互助土族自治县班彦新村。新村里楼房规划整齐，八纵一横的水泥路面平坦宽阔，成行的太阳能路灯一字排开。远眺周边，群山环抱，林海绵绵。

刚搬进新村，吕有荣一连失眠好几天，“这不是做梦吧？这不是天上才有的好日子吗？”

互助县班彦村所在的沙沟山区域（卫星摄于2005年2月20日）

班彦旧村

新华社 · 发

班彦新村

新华社 · 发

从海拔 2 800 米的山上搬到山下，荒地也变了新居，可制约村民生活的自然气候条件无法改变，收入该从哪里来呢?

吕有荣和太阳的情缘由此接续，太阳——这个当地传统农业的劣势，转眼成了产业发展的优势。在班彦新村，村民家的屋顶上、猪圈边“种”满了光伏板，村东建起了光伏项目。得天独厚的太阳能资源，帮助贫困户在光伏发电中每年收益 28.5 万元。

在充足的电能支撑下，班彦村临街的村民开铺子做买卖，干起了现代化生猪养殖的营生，传统的土族刺绣和青稞酩馏酒也开始规模化生产。

“晒着太阳”就有钱赚。吕有荣把新家改造成农家乐，家电装上了，自来水喝上了，天然气也用上了。农家乐的收入和光伏补贴，让他摘下了头戴多年的“贫困帽”，开始了新生活。

光照资源得天独厚，光伏也就成了青海破解贫困地区产业匮乏难题、保障贫困人口持续稳定增收的重要产业。卫星记录下，一个个光伏项目平地而起，在青海大地犹如鱼鳞阵列、蓝海翻涛，带来了勃勃生机。

2019 年 6 月 27 日，随着互助县村级光伏扶贫 2 号电站正式投产，青海全省 1 622 个贫困村实现了光伏扶贫项目全覆盖。

如今，吕有荣依然天天看日头，还是看着太阳“望天收”。只不过，以前收入微薄，靠的是油菜、小麦。现在，收入大幅增长，靠的是“绿金”电能和游客。在 60 万米高空，卫星持续记录着班彦村的过去、现在，也让人们看到了“追光”的未来。

互助县红崖子沟乡光伏扶贫项目基地（卫星摄于 2020 年 3 月 7 日）

随着全国电力电网的建设和发展，卫星在太空中捕捉到更多的光亮。

卫星夜光数据显示，“三区三州”集中分布的“胡焕庸线”以西区域，夜光越变越亮。从2013年到2020年，这一区域的夜光面积增加约55.3%，夜光总量增加约42.7%。

随着四川阿坝夹壁至马塘110千伏线路工程带电投运，“三区三州”农网升级改造全面完成。“三区三州”由此进入“大电网”时代，近1 900万居民实现从“用上电”到“用好电”的转变，“电灯不亮”“机器不转”成为历史。在这片土地上，人们的日子愈发“明亮”。

新疆南疆四地州夜光图

卫星夜光数据演示

2013—2020年，卫星夜光数据显示，夜光面积总量增加最多的地区为四川西部和西藏，分别增加了约104%和约97.6%。此外，增加超过50%以上的地区还有新疆、青海和云南西部等地。

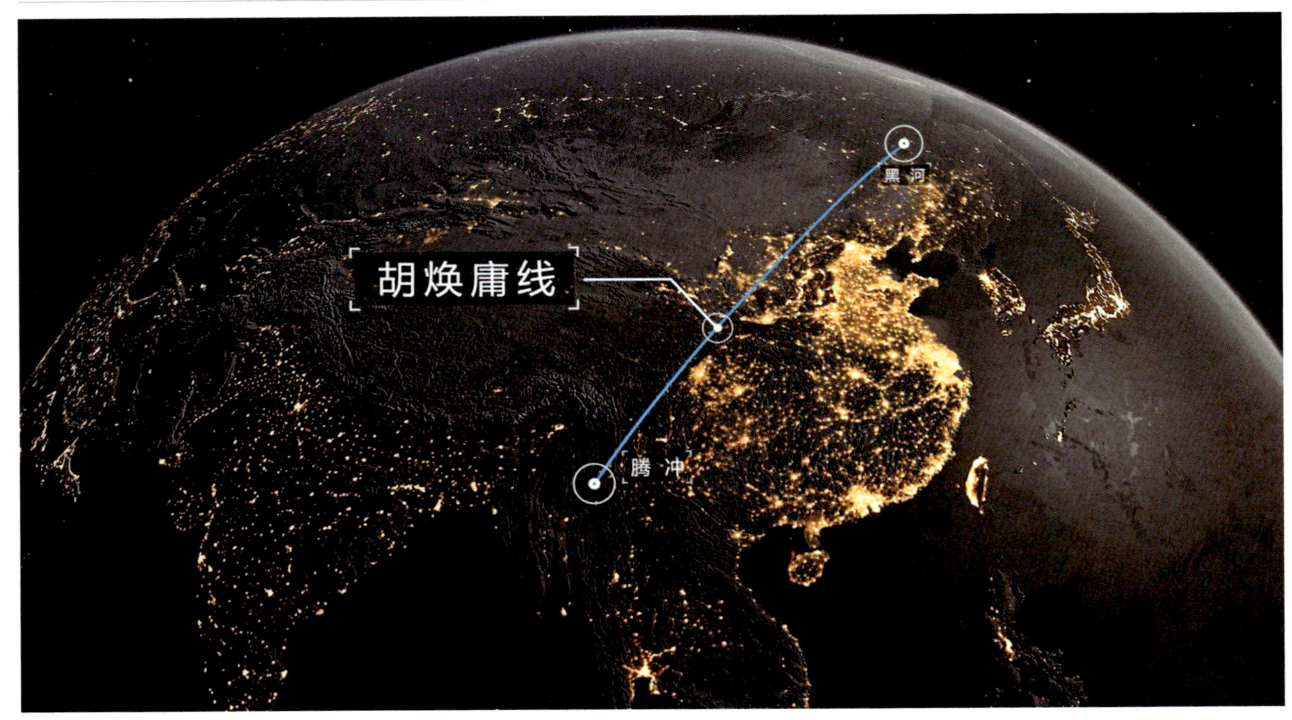

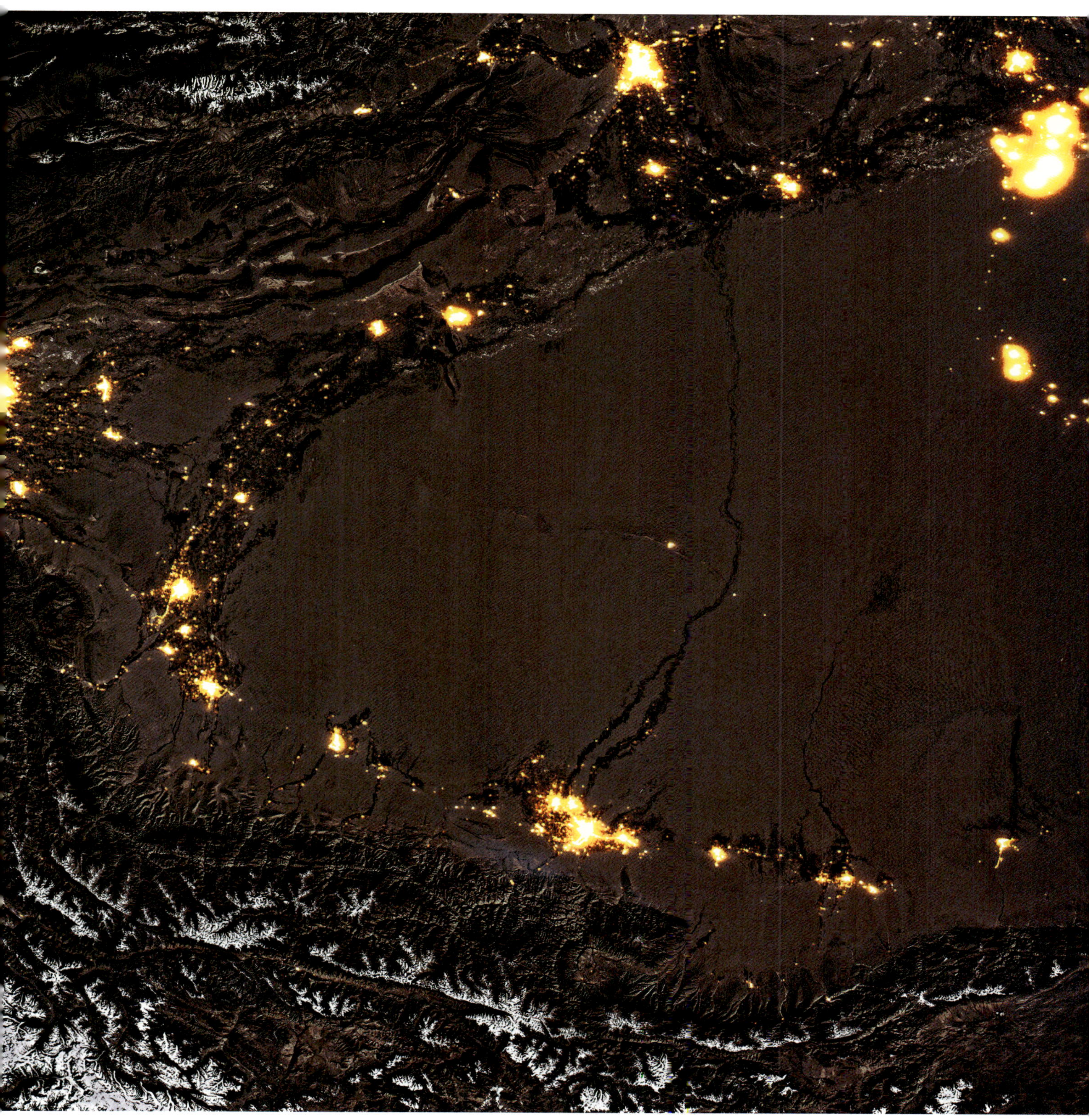

林

这里是动植物王国，
这里是享誉世界的生物基因宝库。
这里拥有着令人神往的生态地质景观，
也隐藏着人类生存的艰难。
大规模的生态移民搬迁，
改变的是峡谷山民千百年来的农业生产方式，
揭开的是人与自然和谐共生共荣的生态图景。
怒江跨越，一跃千年，
完成了小康怒江向深度贫困的告别，
也完成了生态怒江向生态贫困的告别。

扫码观看《林》

怒江！怒江！

在滇西北横断山脉纵谷区三江并流地带，分布着全国唯一的傈僳族自治州——怒江州。而发源于青藏高原唐古拉山南麓的怒江，正是自怒江州的贡山独龙族怒族自治县入滇，沿怒江断裂带，奔流于高黎贡山和碧罗雪山之间，雕刻数千年，形成世界最长“V”形峡谷——怒江峡谷。如今它的平均深度为 2 000 米，最深处达 3 500 米。

在怒江州境内，怒江峡谷纵贯贡山、福贡、泸水三县（市），地势由南向北迅速抬升，垂直海拔高差达 3 000 米，从而自河谷到山巅地带，集中出现亚热带到高寒带的多种气候、土壤，形成亚热带、暖温带、温带、寒温带等立体生物群落的更替变化，孕育出世界级的生物资源体量。怒江州也因此收获了“动植物王国”和“生物基因宝库”的美誉，成为世界上重要的生物多样性保护地区，保留着大量原始、未受人为干预的森林、湿地、灌丛和草甸等生态系统。

怒江大峡谷中段（福贡县）地形地貌

高分二号卫星摄于 2019 年 1 月 19 日

从卫星图上，可以清晰地看到“两山夹一江”的怒江地形。图中，峡谷左岸山脉为海拔高达 5 000 多米的高黎贡山，峡谷右岸山脉为海拔 4 000 多米的碧罗雪山。两山之间，滔滔怒江奔腾南涌。

卫星历史影像：怒江峡谷沿岸的“伤疤”

在高分卫星辽阔的视野里，怒江曾经的地貌以分布在高山峻岭中的各个老村寨为轴心，散布着大量“伤疤”，并随着人居活动，呈现出连片态势。而在卫星相当一段时期的持续观察中，怒江生态环境承载压力与日俱增，滑坡、泥石流等自然灾害频发，大部分老村寨已丧失基本生存条件，一方水土难以养活一方人。卫星还曾记录下一段长达9个月的雨季，汹涌的水流沿怒江峡谷灌入，山洪、泥石流暴发，不仅摧毁庄稼，也带来灭顶之灾。在最近不到十年间，这些山峦间的伤疤得以逐步修复。

令人神往的生态地质景观背后，隐藏的却是人类生存的艰难，以及日益紧张的人地关系。

一方面，怒江地质构造十分复杂，新构造运动剧烈，地质灾害多发、地形破碎、土壤侵蚀强烈，生态地质环境十分脆弱。另一方面，因其98%以上的地貌属于高山峡谷，山高水深、地形陡峭、交通不便，致使大部分乡村在很长一段历史时期，始终延续着封闭的自然经济状态，产业结构单一，生产生活方式落后。分布在高山峻岭的绝大部分村寨也因此与世隔绝、自给自足，过着刀耕火种的日子。随着人口增长，耕地需求增加，做饭、取暖、照明对木柴的消耗也与日俱增，开荒规模不断扩大，森林植被遭受的破坏加速。本就脆弱的生态地质环境因此加速恶化，自然灾害高发，自然资源日益枯竭，水土流失严重，土地生产力下降。"挂"在陡坡上的"大字报"地，每年都有陡坡耕作中人畜坠落的事故发生，十亩地养活不了一个人。为了吃饱饭，人们继续在山林陡坡开荒，由此形成了贫困与生态环境的恶性循环，困扰怒江州达千年之久。

昔日生活在怒江峡谷两岸的人民就是靠这样的绳梯攀登高山峻岭

1987年9月10日发

新华社记者　朱于湖 · 摄

泥石流冲击现场宽达300多米

新华社 · 发　钟志芳 · 摄

2020年8月18日，怒江州贡山县发生特大泥石流灾害。当月21日的灾害统计显示，23人遇难，69人失踪，200多米路基被冲毁，1座石拱桥消失，并致使贡山县城交通、电力和通信全部中断。

直到21世纪初，怒江大峡谷展示在世人面前的仍然是激流翻腾，夺路狂奔的"野性怒江"：江面上从历史深处穿越过来的溜索，留住时光的吊桥，挂在两岸陡坡上的"大字报"地，刀耕火种的"壁耕生产方式"，居住在低矮昏暗的杈杈房里的各族群众，以及由人力和自然力共同完成的怒江大峡谷生态恶化全景图。滑坡、塌方、泥石流……怒江大峡谷以它特有的语言向人类求救：为大山的子民寻找一块新的栖息之地，结束"云上的日子"，重建幸福家园。

怒江“干脚楼”

新华社记者　胡超·摄

2017 年 10 月 15 日，在怒江州泸水市洛本卓白族乡金满村，一位老人抱着孩子在“干脚楼”上晒太阳。她家是第二批易地搬迁户，于当年 12 月底前搬入山下的新居。这种以木棍作柱、篱笆当墙、木板为顶、楼上住人、楼下养牲畜的“干脚楼”，曾在很长一段历史时期为深处贫困的人们遮风挡雨。

下山

38 岁的李小波出生在怒江大峡谷，生长在西岸的福贡县托坪村托坪小组。这个深处高黎贡山的村小组，生存环境恶劣、条件艰苦，全村找不到一间像样的房子，村民家里也没有什么家具和电器，有的人甚至没有鞋穿。到 2016 年时，村里仍未通公路，只有一条长约 5 千米、坡度近 60 度的人马驿道与外界相连，上山下山都需要沿陡坡峭壁艰难跋涉近 3 小时。1998 年，得知村里要通电，李小波好一阵高兴。但同时他也直犯愁，电线杆怎么搬上山？抬！老村长带领大家，16 个人一起抬。一天抬一根，抬了 30 天。

山上种不了稻谷，人们一日三餐吃的都是玉米疙瘩饭。李小波记得，村里所有耕地都种着玉米，房前屋后、悬崖陡壁，有点空间大家就“抢”着种。山高谷深，光照、肥力都不足，一户人家种上几亩玉米，仅能解决温饱。然而这些耕地，大部分都是坡度大于 25 度的坡耕地，开垦种农作物，让水流运动加快，进而使水土流失严重，随之加重土地贫瘠。土地越种越瘦，村民也越种越穷。2012 年，托坪小组共有 46 户怒族群众，建档立卡贫困户就有 37 户，共 144 人，贫困发生率近 80%。而这 46 户人家的房屋，43 户是土坯房，3 户还是篱笆房。

一方水土养不活一方人，“托坪”要脱贫、想发展，办法只有一个：搬！

2016 年，一位 9 岁的怒族小男孩李雪聪告诉记者，他最大的愿望是能够搬到山下，好好学习，以后到北京上大学，毕业后回来建设家乡。

2016 年 11 月 25 日，怒族男孩李雪聪在家里看书学习

新华社记者　胡超 · 摄

李雪聪从小生活在托坪小组，2016 年在山下一所小学上三年级。他每周都得爬山上下学，只有遇到刮风下雨，才需要父亲接送。

李雪聪和村里其他孩子共同盼望的好事很快就降临了，托坪村小组被列入易地扶贫搬迁覆盖范围。不久，他们就可以搬下山，到一个与乡政府仅一江之隔的搬迁点，开启实现愿望的新旅程。

然而，与孩子们的热切期盼不同，很多村民故土难离。千百年来，大山子民守着恶劣的自然生存环境和千年不灭的火塘煎熬，精神被峡谷所困，眼界为雪山所阻，心理受贫困所累。要让这些大山原住居民离开故土，告别火塘，祖孙三代、老少一家进行怒江州史无前例的“下山进城入镇”历史大迁徙，可谓比搬山还难。他们担心搬迁以后，原来的产业、土地政策有变化，担心搬迁以后没有饭吃、没有事做，甚至担心搬迁以后无法适应新的生活方式和人际关系。

面对这些问题，2016 年 6 月 13 日，时任国务院副总理、国务院扶贫开发领导小组组长汪洋，踩着泥泞的山路，步行近 2 小时，爬上福贡县匹河乡托坪村，亲自动员“云上人家”怒族寨的乡亲搬下大山。同时，一大批扶贫干部扎进脱贫攻坚一线。在田间地头、火塘边，村干部和驻村扶贫队员一次次上门，给村民面对面做工作，解疑释惑，算清算细经济、生活改善、子孙、教育、医疗、土地山林和搬迁后续发展“七笔账”。他们还组织村组干部和村民代表到已搬迁入住的安置点现场观摩，最终消除了村民们的思想顾虑，引导和帮助村民转变观念，让村民的心热起来、劲鼓起来，主动走出大山，不漏一户、不少一人。

告别生存条件恶劣、生态环境脆弱、自然灾害频发的求生之地，告别云上人家的千脚落地屋、茅草杈杈房，告别世代相守、千年不灭的火塘，搬迁群众住进了依山傍水、窗明几净、家电家具配套、全州地理环境最佳的易地扶贫搬迁社区——怒江边上那一幢幢拔地而起、错落有致的“江景房”。从农民到城市居民的身份转换，10 万余贫困群众的命运发生了重大的转折和深刻的变化。从农民到城市居民，占怒江州总人口五分之一的人口实现易地扶贫搬迁，实现了怒江城乡结构的重构、产业结构的优化、生态结构的重塑和干群关系的变化。从集中安置点学校孩童们如花的笑靥里，到扶贫车间和沿海企业生产流水线“直过民族”第三代、第四代忙碌的身影，“代际贫困”最终将消逝在大山的皱褶里和城市的喧嚣中。

李小波（左）在山上的家中劝说母亲跟他一起下山生活

新华社记者　江文耀 · 摄

在怒江州，像李小波一家这样，通过易地扶贫搬迁，挪穷窝、断穷根，过上新生活的建档立卡贫困群众有 10.2 万人，相当于怒江州总人口数的五分之一，极大改善了贫困群众的居住生活条件。

卫星于 2019 年 3 月 29 日观察到的托坪村新址

卫星图上，绿树环绕的托坪村新址位于怒江西岸，与乡政府隔江相望。新址安置点里，文体活动广场、卫生室、幼儿园、便民服务站等配套公共设施一应俱全。

位于怒江边的托坪村五湖易地扶贫搬迁安置点

新华社记者　江文耀 · 摄

2019 年初，位于托坪村委会五湖村民小组的搬迁点正式建成启用，来自托坪村小组、普洛村小组、架究村小组、果科村小组的 163 户托坪群众至此告别木板房，搬入整洁明亮的新家。政府部门还为搬迁的贫困家庭发放了家具、电热水器等用品。

怒族男孩李雪聪在教室里上课

新华社记者　胡超 · 摄

搬到山下后不久，三峡集团援建的“托坪大桥”也建成通车，李雪聪不用再过溜索，轻松往返怒江两岸，在福贡县匹河乡完小安心上学，接受更好的教育。

还林

2019 年春节前夕，李小波一家和村里 160 余户人家一起搬迁下山，住进了 140 平方米的四居室。妻子阿花妹很快就在搬迁点建设的扶贫车间就业，从一名在坡耕地种植玉米、靠天吃饭、挣扎在温饱线附近的“旧式”农民，“变身”为扶贫车间的技术带头人，每做一个草果编最多有 80 元收入，管理扶贫车间每月还有 2 000 元薪资。而诸如民族服饰制作、手工艺品加工、茶叶加工等扶贫车间，遍布怒江州的每一个搬迁点，成功帮助像阿花妹一样不能外出务工的村民实现就地就近务工，拥有了稳定的收入来源。

曾经封闭的村子开始拥抱峡谷外面的世界，新鲜事物不断涌入村里。“棒球”这个很多村民以前没听过的东西，如今在村里棒球缝制车间就能生产，上万粒棒球陆续从车间打包，销往东部地区。与此同时，搬迁点还提供了接受技术技能培训的机会，让那些渴望外出务工但又恐惧于没有技能傍身的群众，顺利走出大山，开启奋斗的新征程。

李小波要照顾老人和孩子，没有选择外出务工，但政府为他提供了一个公益性岗位的就业机会，将他选聘为生态护林员，和其他护林员一起管理山上的森林，每年可以获得10 000元的补贴。这样的公益岗位，除了生态护林员，还有河道管理员、地质灾害监测员、城市保洁员等类别。新的身份为村民的人生添上了新的色彩，新的岗位也让他们有了新的使命，从“靠山吃山”到“守山护山”。

每个月，李小波都要和村里的其他护林员一道，轮流巡山护林。轮到他的时候，一早起来就把孩子送进学校，然后换上护林员的衣服，踏上前往老村（即托坪村旧址）的崎岖山路，打理一会儿自家的林地，再一头扎进高黎贡山深处。

李小波准备去山里劳动后开始巡山护林

新华社记者　江文耀 · 摄

大规模的生态移民搬迁，改变的是峡谷山民千百年来的生产生活方式，也给生态保护带来了良机。随着人口迁出、落后的农业生产方式被摒弃，迁出区的人畜负载得到有效降低，直接减少和避免了生态环境的持续人为破坏与毁损，退耕还林、封山育林等有计划的生态修复、保护工作也得以迅速展开。曾经被盲目开垦的坡耕地，恢复了原有土地的生态性，水土流失和生态环境恶化终于被遏制。

怒江大峡谷人与自然交恶的历史，正随着奔腾的江水流逝，人与自然和谐共生共荣的生态全景图已在怒江两岸徐徐展开。据统计，怒江州退耕还林还草工程涉及贫困人口2.63万户、8.95万人。退耕农户人均每年可以领取2 451元补贴，3万多人被选聘为生态护林员。全州森林覆盖率从2015年的75.31%提高到2019年的78.08%，居云南省第二位，生态环境状况优良指数居云南省前列。到2020年初，怒江州还成立了185个生态扶贫专业合作社，让贫困人口参与怒江、澜沧江两岸生态修复治理工程，带动2.05万贫困人口获得收益，在生态修复中实现增收，成为生态保护的实践主体和生态脱贫的利益主体。

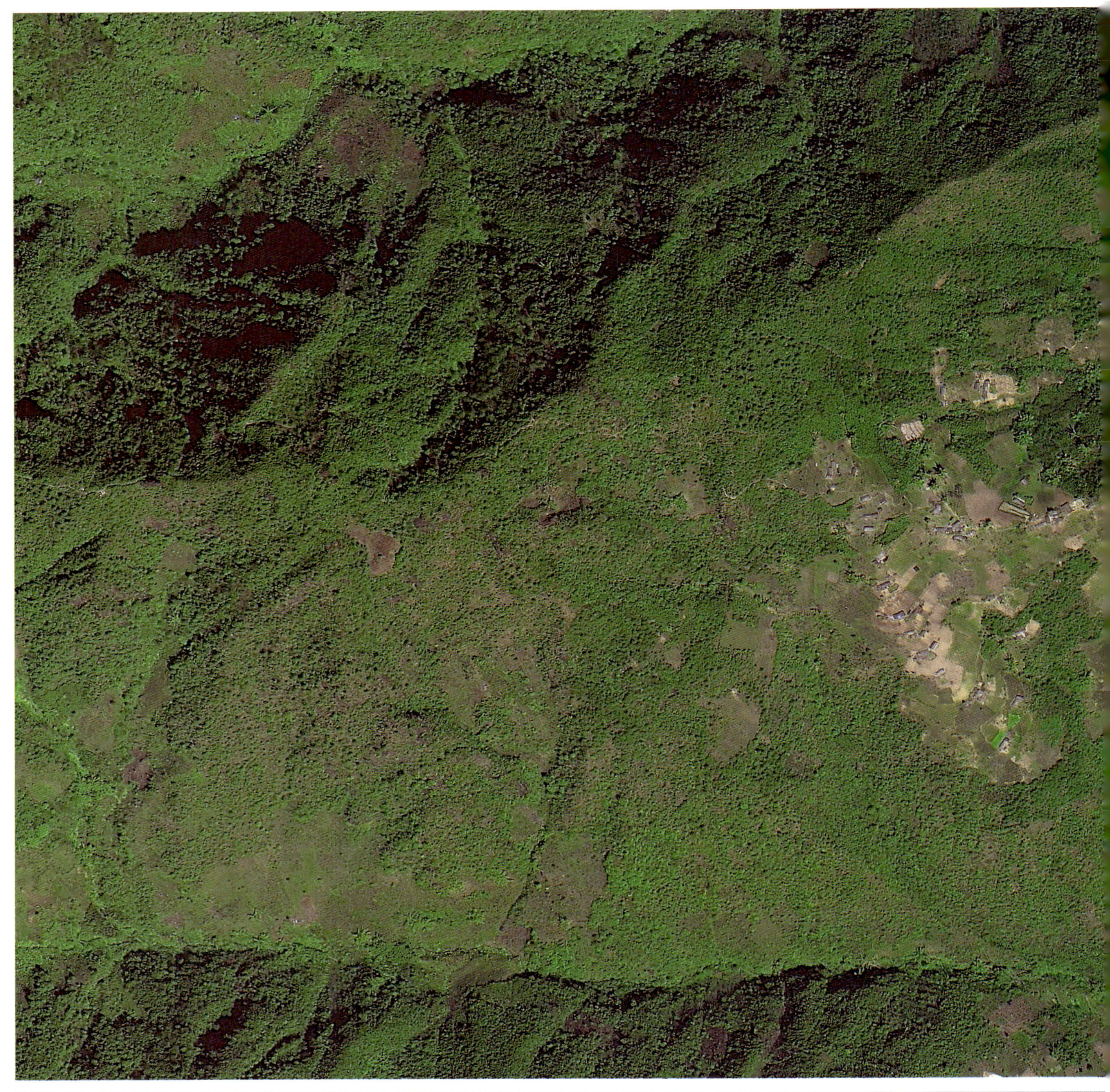

卫星于 2019 年观察到的托坪村旧址

从卫星图上看，托坪村旧址正在“消失”，逐渐与高黎贡山的绿色融为一体。为了保护好生态环境，怒江州对海拔 2 000 米以上的山顶生态相对完好区采取了最严厉的封山保护措施，禁止一切牧、耕、猎、伐活动，严格保护原始森林的自然生态景观，还自然以宁静、和谐、美丽。

绿水青山就是金山银山

在可持续发展视野里，怒江州“四山夹三江”的高山峡谷，本身就是一个充满生机的山水林田湖草生态经济体和拥有巨大增值潜力的生态资产，是怒江州最大的自然财富和最重要的生态资本。

保护自然就是增值自然价值和自然资本的过程，就应该得到合理回报和经济补偿。激活了这个蕴藏着巨大生态财富的生态经济体，怒江得天独厚的资源禀赋得以大放光彩。群众“借绿”增收，经济绿色增长，草果、花椒、重楼、云黄连、银杏等林下经济作物，替代了需要开荒才能种植的玉米和庄稼。以草果为代表的绿色香料产业，是与大自然最具亲和力的林下产业，更是成了怒江最重要的富民产业，是云南绿色食品的“怒江牌”。在全州 140 多万亩主要香料植物种植面积中，仅草果一项的种植面积就接近 110 万亩，村民们更是将它比作“摇钱树”“金果果”。

为了提高草果遗传改良效率，培育高产、抗病优质、安全的新品种，从源头保障草果产业健康可持续发展，怒江州联合高校科研院所机构，历时 1 年零 3 个月，成功完成草果全基因组测序工作，绘制了精细图谱，得到一批草果关键香气物质合成的候选基因。这不仅极大地推动了草果的全基因组精准育种，而且为怒江打造出国家级草果种质资源圃提供了重要基础作用。

绿色是全面小康的生态底色，也是怒江山区群众脱贫的成色。截至 2020 年底，全州已形成近 380 万亩生态质量附加值高的绿色产业。2019 年，怒江各族农民人均在生态产业的经营性收入、财产性收入、工资性收入近 3 000 元，占农民人均可支配收入的 40% 以上。

怒江州福贡县马吉乡木加甲村村民将采摘的草果装筐

新华社 · 发　杨雪辉 · 摄

绿色发展极大地激发出广大贫困群众“造绿”“护绿”“借绿”就地脱贫、持续发展的内在活力和内生动力，一个人与自然共生共荣、最具发展前景的新产业——生态旅游也在怒江大地生根发芽。

生态旅游以旅游促进生态保护，以生态保护促进旅游，动态调整和提升人与自然的相互关系，持续释放各族群众在家门口就能吃上“生态饭”“旅游饭”的就业创业潜力。

怒江州地处世界自然遗产“三江并流”核心区域，拥有“怒江峡谷”壮美的自然人文景观。在这样一个世界级的旅游资源富集区之所以出现“美丽的贫困”强烈反差，交通是一个重要的因素。交通瓶颈限制了外部投资的大规模涌入，使得沉睡的自然人文资源难以开发利用，进而使怒江大峡谷“值钱”的生态资源难以通过旅游业“变现”。

随着全长288千米、纵贯怒江大峡谷的“美丽公路”的开通，怒江生态旅游驶上快车道。怒江州着眼于让散落在雪山峡谷20多万傈僳族、独龙族、怒族、普米族等贫困群体获得更多的发展机会，过上生态宜居、宜游、宜业、宜养的美好生活，规划怒江大峡谷“中国最后一个尚未开发的世界级旅游目的地”，融生态产业与旅游开发于一体，景区景点建设与乡村振兴相衔接，以原住民和搬迁群众参与度高、受益面广的乡村旅游为切入点，政府主导、文旅企业和社会资本投资运作，各族群众参与，三位一体“打造全国生态旅游扶贫示范区”。

怒江州贡山县丙中洛镇“怒江第一湾”

新华社记者　江文耀 · 摄

怒江自青藏高原一路奔腾向南流至云南省贡山独龙族怒族自治县丙中洛镇，高黎贡山与碧罗雪山夹江而立，江水顺山势急转形成了一个气势磅礴的半圆形大湾，被称为“怒江第一湾”。

目前，与美丽公路并行的生态绿道正在有序推进，半山酒店、旅游扶贫示范村和一批旅游文化特色村建设项目也在加快推进。雾里村、秋那桶、茶腊等一批村庄，以乡村旅游推动美丽乡村建设和乡村振兴，率先走出一条生态美、产业兴、百姓富的可持续发展之路。依托特色旅游资源培育的165家旅游扶贫示范户，在家门口开办农家乐、经营民宿、销售土特产，实现“靠山吃山”。

当地打造大峡谷景区“生态+”怒江样本，将在生态保护、生态修复、生态产业以及“怒江花谷”上持续投入和付出，与雪山、峡谷、森林、湖泊、原始怒江河道自然景观和“直过民族”原始、神秘、独特的文化生态相互融合、相互作用、共生增值，就完成了生态资源向能带来经济效益、社会效益的生态资本的转化，并通过旅游及相关产业获得现实的回报和预期的收益，将为怒江州巩固脱贫成果，持续提升脱贫质量，开掘源源不断的财富源泉。

怒江跨越，一跃千年。怒江州在全国“三区三州”脱贫攻坚总决战中，同时打赢了生态治理和脱贫攻坚两场战役，完成了小康怒江向深度贫困的告别、生态怒江向生态贫困的告别，实现了人与自然共生共荣的全面小康。占怒江州总人口近一半的建档立卡贫困人口实现脱贫，创造了我国精准扶贫事业“一步跨千年”的奇迹，在人类减贫史上留下了浓墨重彩的“怒江篇章”。

云雾笼罩的丙中洛雾里村

新华社记者　邢广利 · 摄

丙中洛位于怒江州贡山县的北部，是滇西北三大山脉即高黎贡山、怒山、云岭与怒江、澜沧江、金沙江形成倒“川”字的“三江并流”核心区，具有明显的高山峡谷地貌。这里自然风光秀丽，人文景观奇特，民风淳朴，有“路不拾遗、夜不闭户”的习惯。置身其间，恍如世外桃源，人间仙境。

凉山

在“三区三州”脱贫攻坚的另一个重要战场——四川凉山州，绿水青山同样成为击退贫困、发展乡村振兴的金山银山。这里累计退耕还林超过 243.8 万亩，卫星观察到凉山植被的变化，反映出水土流失被控制、减缓以及扭转的全过程，粮食年产量实现高达 50% 的增长。

还我绿水青山，是一场转变发展模式的全方位革命。位处长江上游的凉山州，1998 年森林覆盖率仅为 28.6%。为维持生计，山林被砍伐，斜坡开垦成耕地。雨季到来，庄稼被冲到山脚沟底。同时，每年有数百万吨泥沙流入金沙江、雅砻江、大渡河，加剧了长江流域水患。

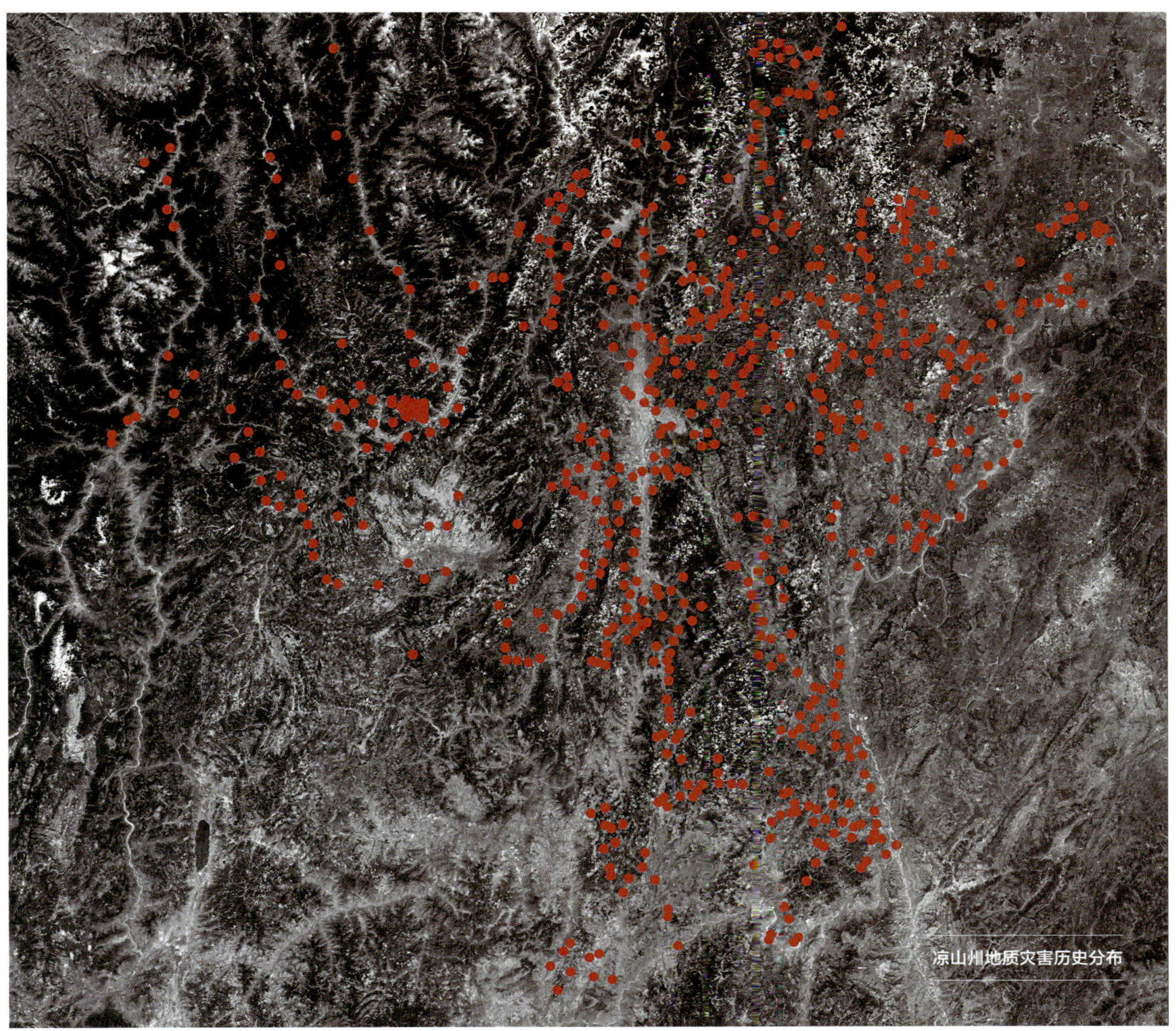
凉山州地质灾害历史分布

2014 年底以来，凉山退耕还林面积超过 70 万亩。

以卫星多光谱数据为基础制作土地分类利用图，可以看到大量耕地被恢复为林地。

到 2019 年，凉山州森林覆盖率已提升至 47% 以上。植被增加使土地稳固，“有效耕地”未减反增。退耕还林后，凉山的实际播种面积从 2004 年的约 600 万亩，增加到 2019 年的 780 万亩。1999 年，凉山州粮食产量不到 168 万吨，2019 年达到 245 万吨。

仅 2015—2020 年间，中国在“三区三州”投入林草资金 550 多亿元，23.8 万人成为生态护林员。他们是这场变革的亲历者和受益者，他们和生于斯长于斯的山林不再剑拔弩张，而是和谐共生。

2000 年，凉山州局部土地分类利用

制作图例：黄色为耕地；深绿色为林地；浅绿色为草地；蓝色为水域；红色为城乡、工矿、居民用地；灰色为未利用土地。

2018 年，凉山州局部土地分类利用

制作图例：黄色为耕地；深绿色为林地；浅绿色为草地；蓝色为水域；红色为城乡、工矿、居民用地；灰色为未利用土地。

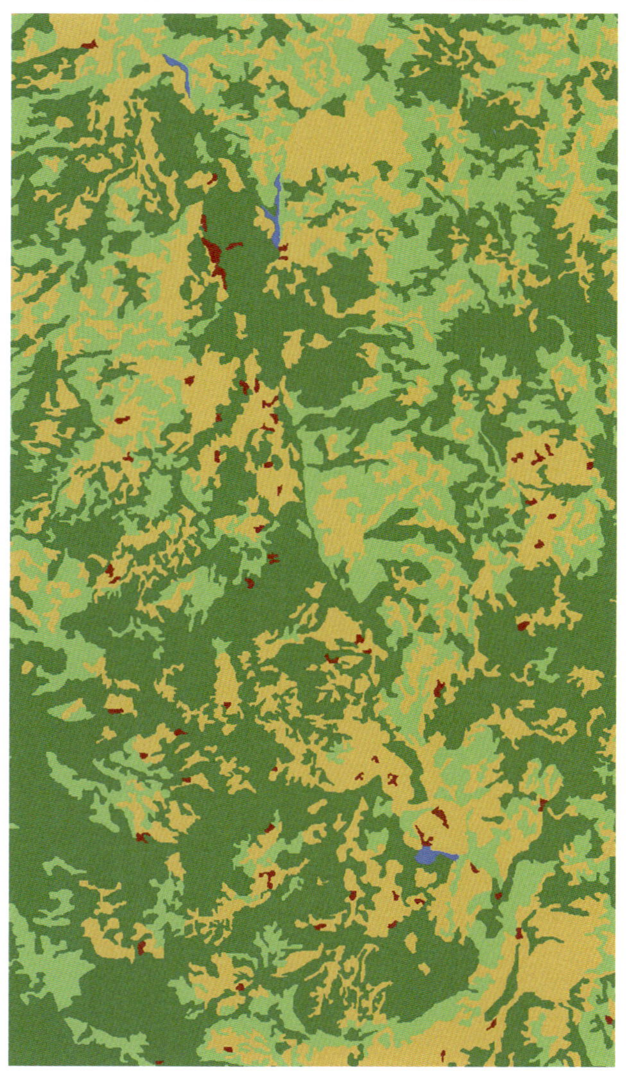

四川省凉山州布拖县拉果乡伟木村

新华社记者　王曦 · 摄

2005 年 8 月 15 日，在浙江余村，时任浙江省委书记的习近平提出“绿水青山就是金山银山”重要论断。15 年来，“两山”理念指引中国经济社会绿色变革，已成为全社会的共识和行动。不断推进的绿色发展方式和生活方式，正生动描绘出美丽中国、幸福家园的模样。

羊

北斗导航卫星曾帮助中国科学家，
精准描绘出藏羚羊的迁徙路线。
索南达杰，是为保护藏羚羊而牺牲的英雄。
在他牺牲的地方，藏羚羊被另一群人保护着。
今天的三江源，
走出了一条生态保护与脱贫攻坚双赢的路子。
人与自然，和谐共生。

扫码观看《羊》

从 60 万米高空俯瞰三江源国家公园卓乃湖

对即将临产的藏羚羊来说，卓乃湖是前往产仔地唯一正确的地方。这里水草丰美，营养价值高，半咸的湖水更是藏羚羊喜欢的味道。

羊降级了

巍巍昆仑脚下，青藏高原腹地，长江、黄河、澜沧江孕育而生。被誉为“生命之源”的三江源，哺育中华、生生不息。

在这片广袤的土地上，北斗导航卫星曾帮助中国科学家精准描绘出藏羚羊的迁徙路线。每年 7 月，这群“高原精灵”便迎来迁徙产仔的季节。从 4 月底开始，数以万计即将临产的藏羚羊就一批批地从阿尔金山、羌塘以及曲麻河等地陆续跋涉，穿过青藏铁路和青藏公路，前往三江源国家公园可可西里保护区卓乃湖一带，完成产仔繁衍。等到 7 月底，小羊四肢强健了，它们又会按照相对固定的路线，返回各自的栖息地。往返迁徙行程，最远可达上千公里。

“高原精灵”雪中迁徙

新华社 · 发

2021 年 4 月 20 日，一群藏羚羊向卓乃湖方向行进。“高原精灵”藏羚羊的迁徙，被称为全球最为壮观的三种有蹄类动物大迁徙之一。每年 4 月底，藏羚羊逐步会聚在可可西里五道梁地区，前往“大产房”卓乃湖迁徙、产仔。

一只刚刚降生的小藏羚羊挣扎着起身亲吻妈妈

2020 年 7 月 7 日在卓乃湖区域拍摄的两只待产藏羚羊及远处山坡上大群觅食的藏羚羊

新华社记者　张龙 · 摄

出生约 1 周的小藏羚羊在蹦跳嬉闹

新华社 · 发

藏羚羊是三江源国家公园的旗舰物种，也是青藏高原动物区系的典型代表和基础物种，是构成青藏高原自然生态系统极为重要、极为关键的组成部分，在科学研究、生态平衡乃至人文和美学方面，都具有难以估量的价值。

在北斗导航卫星的精准指引下，每当藏羚羊开始迁徙，藏羚羊迁徙护航队就开始远距离护送，三江源国家公园可可西里管理处卓乃湖保护站的管护人员，也会提前进入卓乃湖，展开武装巡逻，阻止偷猎者。如今，偷猎者的枪声已有十几年没再响起，管护人员的实际工作就变成现场保护临产的藏羚羊、救助被遗弃或掉队的小藏羚羊。

然而，在 20 世纪 90 年代初期，藏羚羊曾一度遭遇空前劫难，盗猎枪声四起，一时间，雪山沾染血迹，可可西里陷入一片血腥。

1994 年 1 月 18 日，时任玉树治多县委副书记的杰桑·索南达杰最后一次进入可可西里，在与 4 名队友追捕过程中，被盗猎分子射杀牺牲。他的遗体火化后，骨灰撒在了可可西里太阳湖畔和昆仑山口，永伴他挚爱的土地。

索南达杰以生命开启了藏羚羊保护以及可可西里环保的新纪元。沿青藏公路 109 国道一路向南，不冻泉、索南达杰、沱沱河等保护站顺序映入眼帘。在呼啸的寒风中，这位藏族烈士的雕像，矗立在他生前进出可可西里的必经之路上，注视着茫茫雪山和藏羚羊自由奔跑的广袤无人区……

得到救助的藏羚羊幼崽

新华社记者　薛玉斌·摄

这是 2020 年 7 月 7 日在三江源国家公园管理局长江源园区可可西里管理处卓乃湖保护站拍摄的藏羚羊幼仔。在这一年的迁徙产仔季，管护人员已成功救助了 11 只藏羚羊幼仔。为让小藏羚羊尽快适应环境、健康成长，卓乃湖保护站安排专人，在特定区域对其进行喂养。

坐落在青藏线与清水河交道口的索南达杰保护站

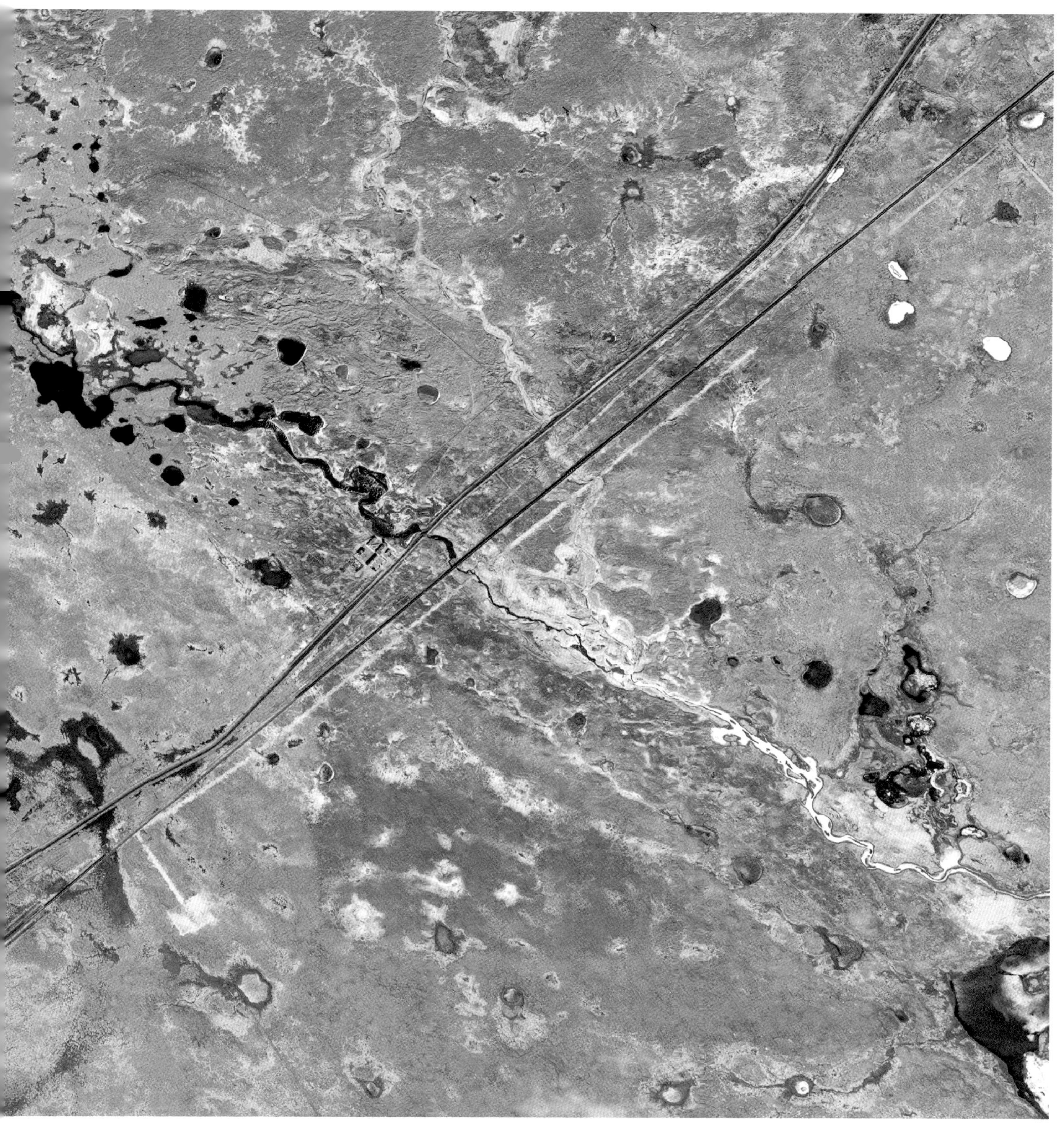

索南达杰，为保护藏羚羊而牺牲的英雄。这块土地刻下了他的名字。今天，在他牺牲的地方，藏羚羊被另一群人保护着。和羊群走散的小藏羚羊，被游客或工作人员带到这里照料。1996 年，可可西里成立了省级保护区，1997 年成立保护机构并晋升为国家级自然保护区。为了打击盗猎盗采，可可西里的巡山队员们接过索南达杰的接力棒，冬天一身土，夏天一身泥，用行动捍卫着这片土地的宁静与安详。

2004 年以来，三江源地区近 10 万牧民搬离了草原；2006 年起，青海省在三江源地区全面取消了 GDP 考核；2016 年，青海省肩负起国家生态文明改革先行先试的重要任务，在三江源地区大胆尝试、扎实前行，探路国家公园体制，探索建立更科学、有效的全新生态保护体制。当年 6 月 7 日，三江源国家公园管理局挂牌成立，体制试点正式启动实施。一系列举措有效修复三江源生态环境，实现当地生产发展、生活小康、生态优美。如今，藏羚羊的数量已从 20 世纪 80—90 年代的不足 7 万只，增加至约 30 万只。保护级别也从濒危物种降级为近危物种。

栖息地的生态持续改善，藏羚羊的数量日渐增加，进而促进保护区生物链慢慢恢复。绿水青山间，三江源正奏响起“人与自然和谐共生”的秀美乐章。生态畜牧、生态管护、生态宜居，这秀美乐章的每一个段落，都在重塑并展现三江之源新的生机、新的画卷。

藏野驴在三江源地区活动

新华社记者　吴刚 · 摄

三江源地区是我国重要的生态安全屏障。近年来，青海省持续推进三江源生态保护工程，以保护和恢复植被为核心，通过生态系统的自然修复与生态工程建设的有机结合，加强草原、荒漠、湿地与河湖生态系统保护和建设。地区植被生产力趋于稳定，野生动物数量也明显上升。

黑土滩绿了

“牧人跟着牛羊走，牛羊跟着水草走。”这是牧民千百年来一直信奉的自然法则。

由于分草到户、过度放牧等因素影响，三江源大面积草原退化成“寸草不生”的黑土滩。世代逐水草而居的牧民，面临严重的生态威胁。地处黄河源区的青海省果洛藏族自治州达日县，最严重时全县黑土滩面积达 1 189 万亩，占全部草场的 53%。牧民群杰回忆起 10 多年前的场景：“黑土滩几乎扩散到所有草场，一半牧民被迫拖家带口、跨省租草场放牧，不然牛羊就得饿死！”

水枯草衰，生态恶化，江源告急！

从 2005 年开始，以“生态治理、生态补偿、草原恢复”等为重点的三江源一期和二期生态保护建设工程相继实施。同时，草畜矛盾也倒逼生产变革。2011 年，在当地政府的引导下，玉树藏族自治州曲麻莱县叶格乡红旗村的 16 户牧民，将各家草山、640 头牛和 1 100 只羊折价入股，在海拔 4 500 多米的三江源核心腹地，成立当地首个股份制合作社——托俄俄加生态畜牧业合作社。

草场和牛羊入股，围栏被拆，草场按照冬夏划区轮牧，得以休养生息。在政府的帮助下，合作社通过股民出资和银行贷款，逐步发展成当地有名的肉食品风干基地，打造出“扎拉达泽”风干牦牛肉品牌。入股牧民和牛羊越来越多，产品远销西藏等地。

合作养殖后，草场复绿了，牧民增收了。截至 2020 年底，这样的生态畜牧业合作社，青海全省共成立了 961 个，草原植被盖度 6 年间增长 7%，产草量 10 年间每亩增长 11 千克，牲畜超载率 10 年间下降 32%，总体实现草畜平衡。

生态畜牧业的兴起，带来了放牧理念的革新。过去“宁可走牧，也不种草”的三江源牧民们，也纷纷“一边放牧，一边护草”。往日黑土滩蔓延的达日县，草原站工作人员带领牧民们治鼠害、种牧草。一片片黑土滩恢复成“绿草原”，全县草地植被盖度从 46.7% 提高到 57.3%。

玉树藏族自治州称多县珍秦镇二村牧民在嘉塘草原放牧

新华社记者　张龙 · 摄

嘉塘草原地处三江源生态保护区的核心区，畜牧业是当地赖以生存和发展的支柱产业。近年来，当地政府通过调整产业结构，构建划区轮牧、科学养畜、草畜平衡、协调发展为主的生态畜牧业，形成生态保护和畜牧业生产的良性循环。

日子美了

山川巍峨，湖泊静谧，野生动物悠然自在……经历2021年5月22日发生的青海玛多7.4级地震后，果洛州玛多县境内有“黄河源头姊妹湖”之称的扎陵湖、鄂陵湖碧波荡漾，美景依旧。

33岁的索索在扎陵湖畔长大。从记事开始，他的生活就没有离开过草原和牛羊。5年前，他却放下牧鞭，从一名放牧人成为一名“管护员”。

2016年，我国首个国家公园体制试点在三江源地区启动。三江源国家公园试点总面积12.3万平方千米，平均海拔超过4 700米，成为全世界面积最大、海拔最高的国家公园，肩负着“积累可复制可推广的保护管理经验，努力促进人与自然和谐发展”重要使命。

为保护生态，三江源国家公园核心保育区和生态保育区修复的5 300多万亩退化草原实行严格禁牧。索索的家乡位于核心保育区禁牧范围内。自此，索索穿上荧光色背心、戴上红袖标，每月定期深入草原，捡拾垃圾、保护草场。

习近平总书记十分关心三江源牧民的定居问题，特别是生态管护公益岗位设立情况，强调一定要把三江源国家公园体制试点搞好。为让当地群众更好地参与到国家公园的保护与管理中，三江源国家公园管理局不断加速生态公益岗位的设置。2021年共有1.7万名像索索一样的生态管护员，在三江源国家公园内定期开展生态巡护、监测记录野生动物、跋山涉水捡拾垃圾，实现生态管护“一户一岗”责任制。不少捕杀野生动物、破坏草原等案件，均由生态管护员第一时间发现并上报。

如今再到三江源，看到羚羊奔跑、雪豹觅食已不是难事。搬离草原的长江源村老支书更尕南杰说：“看村里生态管护员拍回来的照片，家乡的草长高了、水清了、动物多了，我也放心了，这证明我们的付出是值得的。”

有“黄河源头姊妹湖”之称的扎陵湖（左）与鄂陵湖（右）

生态管护员虽然是公益岗位，但仍能为每位生态管护员每月带来 1800 元工资。对和索索一样的生态管护员来说，每个月能有固定收入，生活就会越来越好，心里也就越来越踏实。他们的热心参与，也用实际行动和回报不断强化牧民们生态保护的意识，越来越多的人愿意为绿水青山出一份力。

除了草原禁牧补助和生态管护收入，三江源国家公园逐步开展的生态体验特许经营，也让越来越多的牧民成为三江源生态保护的受益者。

澜沧江从玉树州杂多县昂赛乡穿过，形成风景壮丽的昂赛大峡谷。这里层峦叠嶂，郁郁葱葱，生物多样性丰富。由于三江源地区旗舰物种雪豹在此栖息繁衍，昂赛乡被誉为“雪豹之乡”，也成为三江源国家公园内首个开展生态体验特许经营活动试点的区域。

由生态专家教授野生动物知识、野外注意事项等知识和技能后，牧民就能接待来自国内外的小规模预约生态访客。访客需签订协议遵守一系列生态保护行为准则，在三江源开展生态体验，感受三江源国家公园的生态魅力。

白玛文扎是昂赛乡年都村的牧民。原本每日与牛羊打交道的他，如今成了当地小有名气的生态体验“向导”。他带领访客到峡谷游览、观测野生动物活动，提供生态体验食宿，“一年收入近 10 万元，生活条件和过去完全不一样了”。

特许经营实施以来，不少牧民主动跟随生态专家学习，逐步学会查看周边动物脚印和粪便，在笔记本上标记野生动物出现的点位和活动路线，他们既是生态管护员，又是生态观测员。大家也越来越深刻地意识到，守好三江源同样奔入了小康。

今天的三江源，各族群众奋勇接续，视生态保护为己任，不断探索实践，用各种方式后退，为野生动植物让出了生存的空间，也为自己走出了一条生态保护与脱贫致富双赢的路子。在这里，人与自然，和谐共生。

这是 2019 年 6 月 21 日拍摄的杂多县昂赛大峡谷一景

新华社记者　张龙 · 摄

这是在三江源国家公园澜沧江源园区昂赛大峡谷拍摄到的雪中雪豹

新华社 · 发

自 2017 年澜沧江源园区开展雪豹自然体验试点工作以来，来自世界各地的自然体验者在园区的昂赛大峡谷内拍摄到大量雪豹活动的影像。澜沧江源作为全球雪豹栖息最密集的区域之一，正在成为全世界最好的雪豹自然体验点。

牧羊人定居了

西出三江之源，翻越昆仑山，穿过塔克拉玛干沙漠，即是帕米尔高原。

2017 年夏季，是 41 岁的帕米尔牧羊人库瓦提·萨热在“铁日孜窝孜”牧场度过的最后一个夏季。2018 年，他告别了祖辈延续上千年的高原游牧生活，前往平原定居。

库瓦提 · 萨热是新疆克孜勒苏柯尔克孜自治州阿克陶县克孜勒陶乡喀拉塔什其木干村牧民。为了在亘古高原给牛羊寻觅足够多的饲草，并保证草场不会被牛羊过度啃食导致退化，每年六七月间，全村的牧民们便会骑着马和毛驴，带上全部家当，赶着牛羊，穿越沟壑深谷，踏行古丝路的狭长牧道，前往人畜赖以生存的“铁日孜窝孜”夏牧场。

帕米尔高原古称“葱岭”，平均海拔 4 000 米左右，高山沟壑间隐藏着一条条古代商旅的贸易通道，其中一条便通往喀拉塔什其木干村牧人们的“世外桃源”——地处海拔 4 100 米的“铁日孜窝孜”夏牧场。要想到达这里，得经过近 10 小时的艰苦跋涉，从克孜勒陶乡进山，翻越一座海拔 4 000 米的高山，再穿越一处峡谷。一路上巨石密布、路面湿滑，要翻山越岭、淌河过桥，很多地方一面紧贴山崖，一面就是深涧激流，最窄之处不到 1 尺，人畜跌下悬崖的惨剧几乎每年都发生，实不辜负“铁日孜窝孜”在柯尔克孜语中“难觅之境”的意思。

很久以前，这里的牧人曾用骆驼、马和牦牛，为往来商队驮运布匹、茶叶、丝绸等货物，赚取报酬补贴家用。然而，守着古代商旅的贸易通道，上千年来这里的牧羊人却始终没能摆脱贫困。不通路、不通电、不通网、没有通信信号，像“铁日孜窝孜”夏牧场一样，喀喇昆仑山的重重山脉，将不少帕米尔高原柯尔克孜族牧民的居住点切割成碎片，撒在沟壑深谷间，阻断了交通，也阻断了发展。

2017 年 7 月 24 日，在“铁日孜窝孜”夏牧场，喀拉塔什其木干村的村民们清晨将羊群赶到牧场上吃草

新华社记者　江文耀 · 摄

2017 年 7 月 21 日，在“铁日孜窝孜”夏牧场，喀拉塔什其木干村村民阿依古丽·博热瓦依拿着点燃的牛粪回家生火

新华社记者　江文耀 · 摄

2017 年 7 月 20 日，喀拉塔什其木干村村民驮队沿着崎岖的山路前往夏牧场

新华社记者　江文耀 · 摄

2017 年 7 月 21 日，喀拉塔什其木干村村民在夏牧场合影，纪念帕米尔高原牧羊人的最后一个夏季

新华社记者　江文耀 · 摄

到 2020 年，帕米尔高原数万牧民迁至平原，实现了从“游牧”到“定居”的变迁，开启了更加美好的新生活。

曾经，在这里，拥有牲畜的数量决定财富的多寡。然而，瘠薄的高山草场却无法养活太多牲畜，一旦遭遇天灾，牧民家就要揭不开锅。库瓦提 · 萨热 11 岁从父亲手中接过羊鞭，20 岁结婚时，从父亲手中分到 30 只羊。可 21 年过去，他的羊仍旧是 30 只。库瓦提 · 萨热一度感到无奈，二十几年来，人越来越多，草却越来越差，羊好不容易增加了几只，但家人生场大病就只得贱卖救急，再遇个雪灾，几年血汗转眼就没了，养羊的人挣不上钱也吃不起羊。

几年前，阿克陶县实施集中办学，喀拉塔什其木干村的孩子们就成了“候鸟”，只在寒暑假回来。村子也成了“留守村”，留守的却是青壮年，“飞走”的是老人和孩子。被牛羊困住的男人们，既丢不开“饭碗”，又不敢外出“闯荡”。

库瓦提 · 萨热曾经只能把摆脱贫困的希望寄托在儿子身上。2015 年，他把 7 岁的小儿子加尔肯那勒 · 库瓦提送到乡小学寄宿读书。自那以后，夫妻俩每周都要赶两天山路去村委会给儿子打电话。暑假的时候，孩子想学柯尔克孜族传统的叼羊和赛马技术，都被库瓦提 · 萨热拒绝了。他觉得只有学好了知识，走下高原才能改变命运。

南疆四地州曾是国家确定的 14 个集中连片特困地区之一，贫困程度深，而帕米尔高原则曾是南疆脱贫攻坚中最难啃的“硬骨头”。这里海拔高、条件艰苦、自然环境恶劣、自然灾害频发，基础设施建设推进难度极大。因此，生态扶贫搬迁成了改变帕米尔高原牧民生活的可行路径。

2016 年，搬迁方案传到“铁日孜窝孜”夏牧场后，得到了全体牧民的支持。村民大会讨论，决定让牛羊少和有老人的家庭先搬迁，年轻力壮的后期再分批搬迁下山。

牧民迁至阿克陶县城郊平原地带后，当地政府将为他们提供免费住所和蔬菜大棚，并通过劳务输出、就地就业等帮助牧民增收致富，最终只留少数人固边守土，为大伙儿“代牧”。

对于搬迁这个突然而至的变化，60 岁的牧羊人吐尔第·库里感到异常欣喜。在他年轻的时候，夏牧场的草能长到大腿根子，可后来，很多地方像“谢了顶的秃子”，即便是长势好的草也只能没过脚脖子。他知道，再这么下去，草场就要完了。

他感慨道：“草场曾给了我们一切，也该让它歇歇了。”

捌

她

治贫先治愚，扶贫先扶智。
帮助贫困地区改善办学条件，
扶持寒门学子克服经济困难顺利入校园，
是阻断贫困代际传递的根本性手段。
这一直接、有效的精准扶贫方式，
点燃了贫困家庭生活的新希望。
今天的彝族女孩，
生命的轨迹有了更多可能。
那是火塘边的老祖母，从未想过的人生。

扫码观看《她》

大凉山女孩

1990年9月，四川省凉山彝族自治州普格县东山乡，发生了一件轰动的事，乡里的中心学校办了两个'女子班"，一下子收了90多个女孩。

1992年，普格县东山乡中心学校“女子班”

新华社记者　陈燮·摄

千百年来，生在大凉山的彝族女人们，几乎重复着一种命运：出生定下娃娃亲，十六七岁嫁人，生儿育女，辛苦劳作，家人、火塘、农田、家畜，就是她们的整个世界。

直到20世纪八九十乇代，女孩子上学都算新鲜事，偏远彝乡学校有的班甚至一个女孩子都没有。为了解决女童入学难的问题，凉山州一些县由政府补贴开办了“女子班”。普格县东山乡中心学校是第一个开办“女子班”的乡中心学校。为了说服父母让女孩上学，东山乡的干部和老师挨家挨户跑遍了周围的村子。

1992年，普格县东山乡中心学校老师敲击汽车轮毂代替上课铃声

新华社记者　陈燮·摄

1992 年，普格县东山乡中心学校“女子班”老师金红英

新华社记者　陈燮 · 摄

教室里，24 岁的金红英老师背着孩子给女孩们上课。

1992 年，普格县东山乡中心学校“女子班”学生

新华社记者　陈燮 · 摄

这明亮的眼睛里，满是对外面世界的渴望。

1992 年，普格县东山乡中心学校“女子班”学生在上课

新华社记者　陈燮 · 摄

1992 年，普格县东山乡中心学校“女子班”的老师在马灯下辅导孩子功课

新华社记者　陈燮 · 摄

这些影像来自新华社记者陈燮。那一年，他从成都出发，坐班车，走山路，一路奔波，用了三天才来到东山乡中心学校。他的镜头，记录了女孩求学的艰辛，也定格了知识给她们带来的快乐。只是那个时候，天真的孩子们并不知道，上学，将使她们的命运发生多大的改变。

1992 年，普格县东山乡中心学校“女子班”学生

新华社记者　陈燮 · 摄

因为读了书，格及莫沙诺和两个妹妹走上了截然不同的人生路。起初，家里本来是让 7 岁的老二沙作去读书，但沙作坐不住，只读了几天便不愿再上学，父母只好让 9 岁的老大沙诺“顶替”。沙诺成绩好，小学四年级时考入县城的民族小学，后来进入凉山州民族中学，高中毕业后考入内江师范学院英语本科专业。2006 年，她大学毕业后进入普格县民族中学，成为一名初中英语老师。

1992 年，普格县东山乡中心学校“女子班”的学生（第二排左二为格及莫沙诺）

新华社记者　陈燮 · 摄

如今的东山乡，已经看不到放羊的小姑娘，建得最好的房子是学校。东山乡中心学校过去的一圈平房被三栋白色楼房取代。教室里窗明几净，教学设备一应俱全，学校里一半的学生都是女孩。

从2016年春季学期起，凉山州实行15年免费教育——全面免除3年幼儿教育保教费和3年普通高中学费，并免费提供教科书。全州还开办了3 117个“一村一幼”幼教点，截至2019年底，已招收幼儿12.61万人。女童入学难问题已经得到了根本改变。目前，凉山州的女童入学率已经超过99%，老师们再也不用挨家挨户找回放羊娃，“用教育斩断贫困的代际传递”也已成为各界的共识。

2019年9月，普格县东山乡中心学校第一届“女子班”的学生沙诺，又站在新的人生起点上。她考到了普格中学任教，成为高一年级两个班的英语老师。

教育，是冲破命运轮回、斩断贫困传递的关键。今天的彝族女孩，生命的轨迹有了更多可能。那是火塘边的老祖母，从未想过的人生。

2016年10月20日拍摄的普格县东山乡中心学校

新华社记者　陈燮 · 摄

“燃灯”校长

2020 年 11 月 30 日中午，在与四川凉山彝族自治州相邻的云南丽江，记者刚刚踏进华坪女子高中的校门，便看到一名女学生依偎在校长张桂梅怀里哭泣。

女孩是华坪女子高中毕业生吕娜的妹妹，目前在当地一所初中读书。张桂梅在家访时认识了她，并一直支持帮助她上学读书。像关心呵护这位女孩一样，张桂梅带领华坪女子高中守护着每一位学生的未来，建校 12 年来已累计把 1 804 名女孩送入大学，点亮她们的人生梦想。

华坪女子高中在华坪县城边的一个小山包上，学校的大门并不阔气，教学楼的墙面也已有些斑驳。但就是这所其貌不扬的学校，曾是张桂梅遥不可及的梦想。

1974 年，张桂梅响应党的号召，跟着姐姐从东北来到云南，支援边疆建设。此后，她把全部身心都献给了祖国西南边陲贫困山区的教育事业。

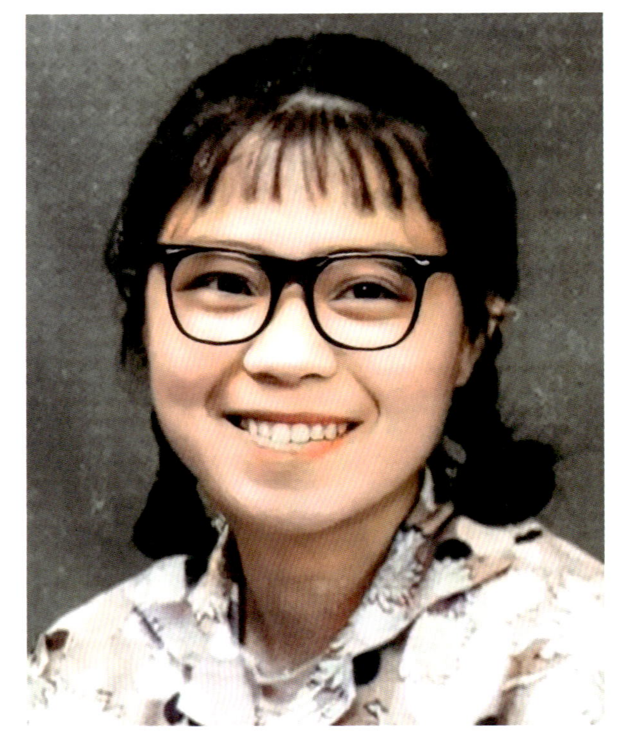

17 岁的张桂梅

新华社 · 发　华坪县融媒体中心 · 供图

1996 年，丈夫因胃癌去世不久，39 岁的张桂梅便申请调到深度贫困山区华坪县工作。第二年，她被查出患有子宫肌瘤，必须立即住院治疗。但为了不耽误初三毕业班的教学进度，她竟然偷偷地把检验报告藏了起来，直到把学生送进中考考场，才住院接受手术。

得知张桂梅患病，县妇联和工委的同志前去探望。几天后，县妇女代表大会上，全体代表为这个“来自异乡的姑娘”捐款。县领导说：“张老师，您放心，我们再穷也要把你的病治好。”

手捧着山乡的情义，张桂梅难掩泪水。在她心里，华坪给了她第二次生命，她想为华坪做些事。这一坚持，就是 20 多年。从那时起，张桂梅的生命就和华坪、和教育扶贫连在了一起。

在华坪民族中学，张桂梅发现一个奇怪的现象，很多女孩读着读着就不见了，一打听才知道，有的学生去打工了，有的小小年纪就嫁人了。2001 年，华坪县儿童福利院（华坪儿童之家）成立，捐款的慈善机构指定要张桂梅兼任院长。就任后，她逐一了解福利院孩子们的身世，发现不少女孩并非孤儿，而是被父母遗弃。这让她感到万分痛心，但更令她扼腕的是一次家访途中的偶遇。

一个十三四岁的女孩，呆坐在路边，满眼惆怅，望着远方。张桂梅上前询问，女孩哇的一声就哭了。“我要读书，我不想嫁人。”女孩一直哭喊着，父母为了 3 万元彩礼，要她辍学嫁人。张桂梅气冲冲地来到女孩家，对她母亲说：“孩子我带走，上学的费用我来出。”

可是，女孩的母亲以死相逼，张桂梅实在拗不过，只能放弃。

“后来我再也没找到她，这是我一辈子的遗憾。”张桂梅说。

凡此种种的遭遇和发现，让张桂梅意识到，贫困的女孩成为贫困的母亲，贫困的母亲又将养育贫困的下一代，恶性循环一直存在。于是，一个梦想渐渐在她心中萌生：办一所免费高中，让大山里的女孩们都能读书。

张桂梅与华坪福利院的孩子们在一起（资料照片）

新华社 · 发

张桂梅与华坪县民族小学的学生在新教学楼前的合影

新华社记者　杨跃萍 · 摄

2006 年，张桂梅把自己获得的 30 万元首届云南省“兴滇人才”奖金捐给了教学条件艰苦的县民族小学修建教学楼。她无儿无女，却有许多学生和孩子亲热地喊她“妈妈”。多年来，她以惊人的毅力战胜病魔，全身心投入教育事业，义务照料 100 多名孤儿，在日复一日琐碎的操劳中，为这些孩子撑起一个充满爱的大家庭。

办免费的女子高中？这个梦想很快就遭到身边人的反对。华坪县教育局原局长杨文华回忆说：“我是给她泼冷水最多的人。虽然她让我很感动，但我知道办一所学校有多难。”

2004 年，张桂梅和时任华坪县教育局局长的杨文华一起出差。一路上，她反复讲述自己的梦想，想说服杨文华帮忙。杨文华问她：“你知道建一间实验室要多少钱吗？”

“要两三万元吧。”张桂梅回答得有些露怯。

“她太天真了。”杨文华回忆，张桂梅当时因为带病坚持教书、教学成绩突出，还在华坪县儿童福利院收养了多名孤儿，先后获得了全国先进工作者、全国十佳师德标兵等诸多荣誉，但她只是一名一线老师，没有管理经验，对建一所学校毫无概念。

张桂梅平时很少买衣服，每件衣服都穿了好多年，直到磨得发白、磨出破洞才舍得扔掉。临去北京参加党的十七大前，县里特意资助她 7 000 元，让她买一身像样的正装，可她转手就用这笔钱给学生买了台电脑，自己穿着一身旧衣服参会。

一天早晨，她正急匆匆往会场走。忽然，一位女记者把她拉住，悄悄对她说：“摸摸你的裤子。”张桂梅一摸，穿了多年的牛仔裤上有两个破洞。

张桂梅说：“当时我恨不得找个地缝钻进去。”

那天会后，她和这位记者相约聊了一整晚，把所有办校的苦楚都倒给了她。不久，一篇名为《“我有一个梦想”——访云南省丽江市华坪县民族中学教师张桂梅代表》的报道发表出来，张桂梅办学校的梦想受到关注。

2008 年 9 月，在各级党委政府关心支持下，全国第一所公办免费女子高中——丽江华坪女子高级中学正式开学，首届共招收 100 名女生。

华坪女子高级中学的校长张桂梅（左一）在进行家访
（2011 年 9 月 25 日摄）

新华社 · 发　华坪县融媒体中心 · 供图

张桂梅举着喇叭在校园里督促学生

新华社·发　陈欣波·摄

开学那天，张桂梅站在唯一的教学楼前，泪流满面。对大山里的女孩们来说，华坪女子高中是一所没有“门槛”的学校。从建校第一天起，张桂梅便定下规矩：学费、住宿费等全免，只收少量伙食费。特别是对贫困家庭的学生，即便基础很差，中考分数没过线，也全部招了进来。

比起生源的学习基础，更让张桂梅着急的，是建校半年，17 名老师，9 人辞职，只剩下 8 人。超过半数的老师没能克服创办初期的艰苦条件。那时候，校园没有围墙、没有食堂，甚至没有厕所，只有一栋教学楼和一根旗杆，院子里满是杂草。学生在一间教室上课，在另一间教室睡觉，吃饭、上厕所都只能去隔壁学校。

“怎么办？学校是不是办不下去了？”张桂梅坐在学校的旗杆下抹泪，哭完后回到办公室整理学校的档案时，却意外地发现，留下的 8 名教师中，居然有 5 名是党员，加上自己，学校有 6 名党员。她在心中暗想，只要有党员在，就没有办不成的事。随后，她组织党员教师重温入党誓词。因为没有钱，他们画了一面党旗，把入党誓词抄写在上面。没等宣誓完，大家全哭了。

从那以后，学校开始了军事化管理，每件事都被张桂梅严格限制在规定时间内。这份“苛刻”，一如她一生的倔强和坚韧。在华坪女子高中，学生雷打不动每天 5 点 30 分起床晨读，晚上 12 点 20 分自习结束才上床睡觉，连吃饭时间都被限定在 15 分钟。张桂梅有一个小喇叭几乎从不离手。在校园里，有学生稍一磨蹭，就会听到她的吼声从小喇叭里传来——“傻丫头，快点。”

十几年来，她不仅每天陪学生自习到深夜，还一直住在学生宿舍。2011 年夏天，华坪女子高中首届毕业生一炮打响，高考百分之百上线，还有几名学生考上了一本。在杨文华眼里，这简直是一个奇迹。

2016 年，华坪女子高中完成建设工作，各项设施逐步完善，学校有了食堂、宿舍，还有了标准的塑胶运动场。到 2020 年，学校 3 个年级共有 9 个班，在校生达 464 人。张桂梅常年坚持家访，累计行程 11 万多千米，覆盖华坪和周边县的 1 500 多名学生。

学校建设和学生成绩双双突飞猛进，但张桂梅的身体状况却一落千丈。她患有骨瘤、血管瘤、肺气肿等 17 种疾病，数次病危入院抢救，平时连爬楼梯都十分艰难。即便是这样，2020 年 2 月，受疫情影响，学生只能在家上网课，心急火燎的张桂梅还是在教室外搭了一张行军床，每天躺在床上盯着老师学生上网课。

这份精神，学生们看在眼里，更记在心里。2020 年 9 月，已经升入大学的两名学生给她来了电话，她们要去西藏当兵了。

张桂梅问："海拔那么高，你们怎么受得了？"

学生笑嘻嘻地回答："不是您鼓励我们去艰苦的地方吗？放心吧，我们不会当逃兵，不给您丢脸。"

几个月后，两名学生已正式入伍参加集训，张桂梅还时常念叨。她一直教育姑娘们要报效祖国，可真去这么艰苦的地方，她又心疼得不得了。华坪县教育局原局长杨文华感慨道："张老师真正做到了教书育人，她用自己的一言一行教会了学生坚韧、感恩、奉献。"

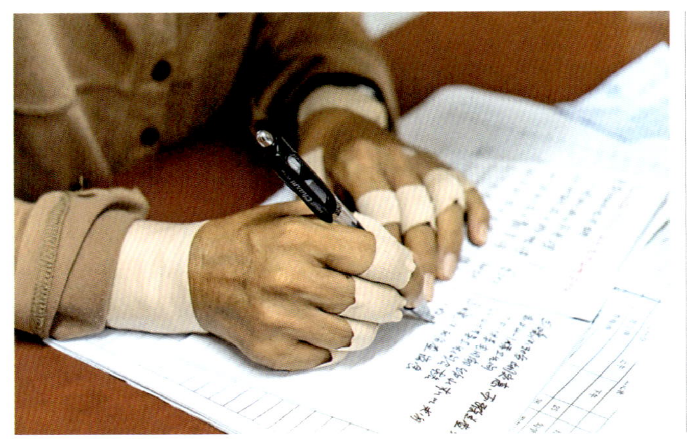

张桂梅在办公室里填写教学楼巡查记录

新华社 · 发　陈欣波 · 摄

张桂梅患有骨瘤、血管瘤、肺气肿、小脑萎缩等 17 种疾病，曾数次病危入院抢救。已经无力站上讲台上课的她，十几年来坚持着一项颇具仪式感的"日常工作"——每天一大早，她都会从女生宿舍的铁架床上爬起，忍痛来到教学楼，颤巍巍地从一楼爬到四楼，把每一层楼道的电灯点亮，然后开始自己一天的工作。

每次回到福利院，孩子们都会帮张桂梅撕掉贴了一天的止痛带

新华社记者　江文耀 · 摄

华坪女子高中的学生出去后都像张桂梅一样，能吃苦、肯奉献，很多学生毕业后都去了艰苦地区。周云丽是华坪女子高中的第一届学生，大学毕业后，她又回到母校，成为一名数学老师。在周云丽心里，没有女子高中，就没有现在的自己。她的母亲在她很小的时候就去世了，全靠身患残疾的父亲和年迈的奶奶种地卖粮，供她和姐姐读书。当她听说有位好心的老师建了一所免费高中时，仿佛瞬间抓住了救命稻草。

2015 年 7 月，周云丽大学毕业。当时，她已经考上邻县一所中学的教师岗位，但听说华坪女子高中缺老师，便又毫不犹豫放弃了正式编制，回到母校担任代课老师，直到一年后才考试转正。每每有人提及这一选择，她总是笑着说："这都是张老师教育我们的，自己强大了，也要记得去帮助别人。"

平日里，张桂梅喜欢看学生在课间操时排成方阵唱歌、跳舞。每天上午课间，歌剧《江姐》的经典选段《红梅赞》都会在校园里准时响起，这是她最爱的歌曲。学生们齐声高唱，她偶尔也会哼上几句：

"红岩上红梅开

千里冰霜脚下踩

三九严寒何所惧

一片丹心向阳开

向阳开……"

这是她的信仰，也是她的一生。

微光汇聚，便是星河。正是千千万万奋斗在脱贫攻坚战场上的人们，握指成拳、聚沙成塔，才凝聚起脱贫攻坚的磅礴力量。他们践行习近平总书记的要求，真抓实干、坚持不懈，真正把让人民群众过上好日子作为自己的奋斗目标。因为他们的到来，千难无碍。

全国脱贫攻坚楷模张桂梅在华坪女子高级中学校园
（2020 年 11 月 30 日摄）

新华社记者　陈欣波 · 摄

乔鲁姑娘

青藏高原与黄土高原交界处，干热西风吹来松散黄土，雨水在地表冲刷出千沟万壑。卫星影像上的每一条褶皱，都曾是让人们深陷贫困的枷锁。甘肃省临夏回族自治州东乡族自治县乔鲁小学，就隐藏在地表与贫困交织的“皱纹”之中。

2020 年 7 月，东乡族姑娘妥秀英考入了西北师范大学。入学前，她来到乔鲁小学，和孩子们一起上了开学第一课。这是她所选择的感恩母校的独特方式，也是母校为她举行的“祝贺仪式”，更是孩子们向往的“力量源泉”。因为，她是乔鲁小学走出来的第一位女大学生。

过去贫苦的日子里，一如大凉山和华坪山区，这里的女童往往得不到平等的受教育机会。1998 年，乔鲁小学原校长唐金海刚到这所学校时，教室里只有两名女孩。即便到了 2008 年妥秀英入学时，女孩依旧很少。村里的许多人始终不理解，一个女生上那么多学干什么？会写自己的名字不就行了吗？

妥秀英是幸运的，在父亲的支持下，在政府的关怀和帮助下，她一路走了下来，成了乔鲁小学，以及她所在的大树乡乔鲁村妥牙沟社第一个女大学生。随着脱贫攻坚战役的胜利结束，越来越多的乔鲁姑娘，循着妥秀英的足迹，在校园里开启了改写自己命运的征途。

在更广阔的视野里，脱贫攻坚以来，随着政府不断加大投入，坚持再穷不能穷教育、再穷不能穷孩子，加强教育扶贫，持续提升贫困地区学校、师资和资助等保障能力，贫困地区办学条件明显改善，连片特困地区乡村教师生活补助惠及 8 万多所学校的 127 万名教师，累计选派 19 万名乡村教师到边远贫困地区、边疆民族地区支教；义务教育营养改善计划覆盖全国 1 634 个县域、13.63 万所学校，每年惠及 4 000 余万名学生；全国 20 多万名贫困家庭辍学学生全部返校就读，全面实现适龄少年儿童义务教育有保障。

治贫先治愚，扶贫先扶智。帮助贫困地区改善办学条件，扶持寒门学子克服经济困难顺利进入校园，是阻断贫困代际传递的根本性手段。这一直接、有效的精准扶贫方式，点燃了贫困家庭生活的新希望。

甘肃省临夏回族自治州东乡族自治县乔鲁小学所在地域卫星图

2015—2020 年，东乡族自治县实验小学的建设
2015年
2018年
2020年

2015—2020 年，东乡族自治县布楞沟小学的变迁
2015年
2018年
2020年

玖

家

两次迁徙三个家，
从两顶帐篷到一座土屋，再换成瓦房，又搬进楼房。
达瓦次仁的“家史”，
浓缩了半个多世纪西藏人民的翻身史、奋斗史、进步史。
彻底断掉穷根，过上更高质量生活，
还是离不开一个字——搬。
迁往宜居之地，是精准扶贫，
彻底改写穷困命运的重要举措。
在这场创造奇迹的脱贫攻坚战役中，
全国有 900 多万贫困人口搬入新社区，
完成了家族历史上最重要的一次迁徙。

扫码观看《家》

告别“悬崖村”

从卫星视角俯瞰阿土列尔村所在地域

阿土列尔村位于四川省凉山彝族自治州昭觉县支尔莫乡。2016 年，一篇题为《悬崖上的村庄》的报道，震撼了人们的内心，也划破了大凉山的宁静，这座不为人知的村庄，由此以“悬崖村”之名走进世人眼中，开启了一场日新月异的山乡巨变。

在四川西南部，卫星观察到剧烈起伏的地表，支离破碎的高山峡谷。构造运动历时 3.7 亿年，形成了攀西大裂谷。山脉割裂了人类的生存空间，平整的耕地稀缺，人们不得不在山崖顶上的一小块平地上安家。久而久之，层峦叠嶂的大凉山里，便形成了一个个村落，散布在峡谷高处，于蓝天白云间若隐若现。

群山中，崖壁上，这些“云端上的悬崖村”，曾经长期与外界隔绝，自然条件恶劣，一度是“绝对贫困村”“极端贫困村”的代名词。阿土列尔村即是其中最广为人知的代表。它位处美姑河大峡谷狮子山的半山台地，从山脚到位置最高的勒尔社，垂直高差足有 800 米。

2020 年 5 月 13 日清晨，51 岁的阿土列尔村勒尔社村民莫色达体，比往常起得早些。阳光斜斜照进他家小院，钻进了门缝，照亮黑洞洞的堂屋。他扫净了火塘中的灰烬，轻轻拉上院门，走出几步后又回头看了一眼 100 多岁的老屋。这一天，他和妻子就要下山了，在这个被人们称为“悬崖村”的地方，他家已经生活了五代人。65 千米外，四川省凉山彝族自治州昭觉县最大的易地扶贫搬迁移民安置点里，一座 100 平方米、设施齐全的新居正等着他们，悬崖之上半个世纪的生活将成为家族的永久记忆。

阿土列尔村的人居历史，最早可以追溯到元朝时期。

这里日照时间长、土地肥沃，有着优良的小气候。在战乱纷争的年代，易守难攻的地势保护着居民免受侵扰，人们在此过着阡陌交通、鸡犬相闻的生活。然而，“桃花源”里并非是只有诗意的栖居。由于地理条件的天然阻碍，阿土列尔村一直无法修路。

“买一包盐巴，来回要走一上午。背 100 斤苞谷下去，山下的人可以卖 100 块，我只能卖 90 多块。因为知道我是从山上下来的，不可能再背回去。”莫色达体每每回想起这些往事，心里总会一阵阵泛酸。

出行困难，一直是阿土列尔村的“死穴”。过去，人们进出村庄靠的是藤条和木棒编成的“天梯”，有的地方能下脚的空间还不到半个脚掌大，上山一趟要耗费两三个小时。由于藤梯长期风吹雨淋，朽得很快，摔下去轻则断手断脚，重则一命呜呼。

17 岁的莫色拉作是莫色达体最疼爱的女儿，11 岁之前都与课堂无缘。山上没有学校，下山的路又太危险，直到长高、长壮一些后，家人才放心让她下山上学。

这是 2016 年 5 月 14 日拍摄的阿土列尔村简易藤梯

新华社 · 发　阿克鸠射 · 摄

2016 年 9 月 30 日，在阿土列尔村曾经通往外界的唯一通道上，莫色石布顺着藤梯下山上学

新华社记者　江宏景 · 摄

悬崖上的天梯，曾让习近平总书记揪心、牵挂。

修路，也曾一直是村民们的渴望。然而经测算，通村路需要高达 4 000 万元资金，对于全年财政收入只有 2 亿多元的昭觉县来说，实在无力负担。

2016 年 5 月，为改善阿土列尔村艰难的出行条件，凉山州和昭觉县共拨款 100 万元，将藤梯升级为钢梯。6 000 多根钢管，宽 1.5 米，总长 2.8 千米，总重量 120 吨，2 556 级筑成“钢铁天梯”，出行条件大为改善。

2017 年 6 月，阿土列尔村通信铁塔建成，网络的开通，打开了村民和外界联系的另一条更加宽阔的通道。不久，这里又开通了无人机邮路。“悬崖村”村民与外界交往频繁了，慕名而来的人也越来越多。莫色达体开始做起生意，先是开小卖部，后来干脆办起了民宿，最多的时候一晚上住过 10 位客人。村里的年轻人也纷纷在网络直播平台当起主播，陡峭的“天梯”、大凉山腹地的风光吸引了很多人。一时间，旅游成为阿土列尔村的新支柱。

藤梯虽然变钢梯，但进出村一趟仍要两三个小时。为彻底改变村民生活条件，2019 年，昭觉县将阿土列尔村建档立卡贫困户列入易地扶贫搬迁范围。

阿土列尔村的钢梯

新华社记者 王曦·摄

阿土列尔村驻村第一书记帕查有格攀爬藤梯查看修建钢梯的进村路线

新华社·发

2020 年 5 月 12 日，
游客在莫色达体家的小院里宿营

新华社记者　江宏景 · 摄

2020 年 5 月 12 日至 14 日，阿土列尔村 84 户建档立卡贫困户，共 344 人，陆续搬迁至位于昭觉县易地扶贫搬迁县城集中安置点的新家。

下山的路，莫色达体走得很慢。清晨的山间鸟语阵阵，蜥蜴、松鼠不时出来和人们打个招呼。他的身后，21 岁的村民莫色拉吉换上了一身新衣，一边走着钢梯，一边做着直播。“这是我们村的大日子！”他兴奋地告诉直播间的“粉丝”。

村民莫色拉洛和妻子带着两个孩子，一个背着，一个牵着，也慢慢地向下走着。过去，两个孩子都在山上的幼教点上学，搬家以后，将转到安置点的幼儿园。

下山后，大家坐上等候已久的汽车，驶往 65 千米外的县城。65 千米，不过一个半小时的车程，莫色达体却好似走了半个世纪。

2020 年 5 月 13 日，在阿土列尔村的悬崖钢梯上，搬迁的村民沿着钢梯下山

新华社记者　王曦 · 摄

2020 年 5 月 13 日，莫色达体背着行囊通过坡度最陡的几段钢梯

新华社记者　江宏景 · 摄

下山时，在钢梯坡度较陡的地方，村民们往往需要转身面向崖壁，以保证安全。

昭觉县城边的集中安置点，一排排六层高、土黄色外墙的崭新楼房拔地而起，超市、小广场、学校、篮球场、活动室等设施一应俱全。卡车边，人们从车上不断搬下崭新的沙发，戴着头巾的老妇人在阳光下安静地纺着羊毛。

莫色达体的新家位于 4 号安置点，100 平方米的房子有三个卧室，家里只花了 1 万元，其余全部由政府补贴。女儿拉作终于有了自己的房间，新家离她的学校步行只需要半个小时。钢制衣柜、钢制碗柜以及一套钢制桌椅，大小两张床。在莫色达体的新家，这些设施都由政府免费提供。

按照易地扶贫搬迁的政策规定，迁居到新居后，旧房将被拆除。但幸运的是，按照村里发展集体产业的计划，莫色达体家的老屋将被保留下来并进行翻修加固，变为生态旅游民宿。除了民宿，新建的观景大平台和观景酒店，也在阿土列尔村旧址拔地而起，投资来自当地政府和企业。为了继续扩大就业，实现乡村振兴，昭觉县县政府还投资建设了现代农业产业园、生态草莓种植园，形成特色产业，大大提高了村民的发展积极性。同时，在县城的安置点，政府还为易地搬迁的村民提供免费的专业技能培训，不断拓宽人们的就业门路。

从藤梯到钢梯，再到举家迁徙后的楼梯，阿土列尔村的人们向往着更加美好的生活，也开启了为乡村振兴而接续奋斗的新征程。他们所奔向的，不再是一个不可抗逆的贫穷的宿命，而是充满色彩、无限可能的未来。

昭觉县易地扶贫搬迁安置点昭美社区

新华社记者　沈伯韩 · 摄

2019 年 11 月 26 日，俯瞰悬崖上的阿土列尔村一角

新华社记者　陈曦 · 摄

2020 年 10 月 12 日，俯瞰阿土列尔村山顶的观景大平台

新华社记者　江宏景 · 摄

走出断头路

年过花甲的张登普，算得上全世界参与修路次数最多的农民之一。这辈子，他修了200多次路，却只修过一条，且穷其一生也没有修好的路。

张登普的老家在积石山保安族东乡族撒拉族自治县白家沟村，隶属“三区三州”深度贫困地区之一的甘肃省临夏回族自治州。当地人形容此地时说，不下雨填不饱肚子，一下雨山崩地裂，一村人穷到没有活路。

从卫星俯瞰，临夏州地处青藏高原和黄土高原过渡地带，山峦如海，一片焦黄红褐。一条条被雨水冲刷、山洪撕裂的沟壑就像干瘦的肋骨，牢牢“裹”住一座座“挂”在陡坡、悬崖边上的小山村。而白家沟村又地处湿陷性黄土滑坡带，从卫星图上可以清晰看到整个村子山峰陡峭，基岩裸露，难以找到一块成片的平地。人只能见缝插针式地居住在疏松、干裂的黄土地上。这片干旱半干旱山区既缺水，又怕水。尽管十年九旱，但每逢夏秋之际，暴雨总会诱发山体滑坡和崩塌。缺水使人无法乐业，暴雨又让人不能安居。

白家沟村通往外界只有一条路。这段狭窄崎岖、长不过15千米的山路，时常被山体滑坡阻断，当地人称“断头路”。就是这样一条路，却是整座村庄仅有的生命补给线。通过这条路，粮食磨成了面粉，土鸡和鸡蛋换回了生活必需的油盐酱醋。可只要来一场大雨，水流就会沿着沟壑形成的“天然河道”倾泻而下，将其彻底冲断。为此，村里的青壮劳力每年都要自发参与五六次抢修这条路。

滑坡崩塌频发
断头路
道路极易断裂
甘肃省临夏州积石山县

卫星图解白家沟村地势地貌

“路一断，活路也就断了。”

张登普从小养成了时不时抬头看天的习惯，老了回想当年，感受最深的是“叫天天不应”的愁怨。修路是脱贫的希望，“断头路”也就成了白家沟村“与天斗”的战场。

2017 年，政府出资 260 万元将土路改造成硬化路，并一直修到了家门口。人们满以为苦日子终于熬到了头，生活将因此变得越来越好。谁又能想到，2018 年，一场持续 40 多天的大暴雨，骤然倾泻而下。

那场大雨下得让人发愁，院子里的水没过了膝盖，张登普和老伴紧拽着三个孙子、孙女，避无可避，只能硬生生躲在屋檐底下。夜里，雨势丝毫不减，远处不时传来土方掉落山谷的巨响，像极了他儿时村子整体滑坡的情景。终于，在一个白天，积势已久的巨大山洪将通车不久的硬化路拦腰“斩”断。村民们憧憬的美好生活，转眼间化为乌有。

然而，白家沟村并不是唯一受灾的地方。持续的强降水迅速波及全县，导致全县新增 252 处地质灾害隐患点。“战天斗地不是这么个‘斗’法，人定胜天还得根据实际情况讲究战略策略！”无情的事实教育了临夏回族自治州的干部群众，只有彻底搬出大山，才能甩掉贫困的“断头路”。

这一次，国家在积石山县投入巨资，将生活在灾害多发、不宜人居偏远之地的 1 148 户群众搬出了深山，其中便有白家沟村的 44 户群众。

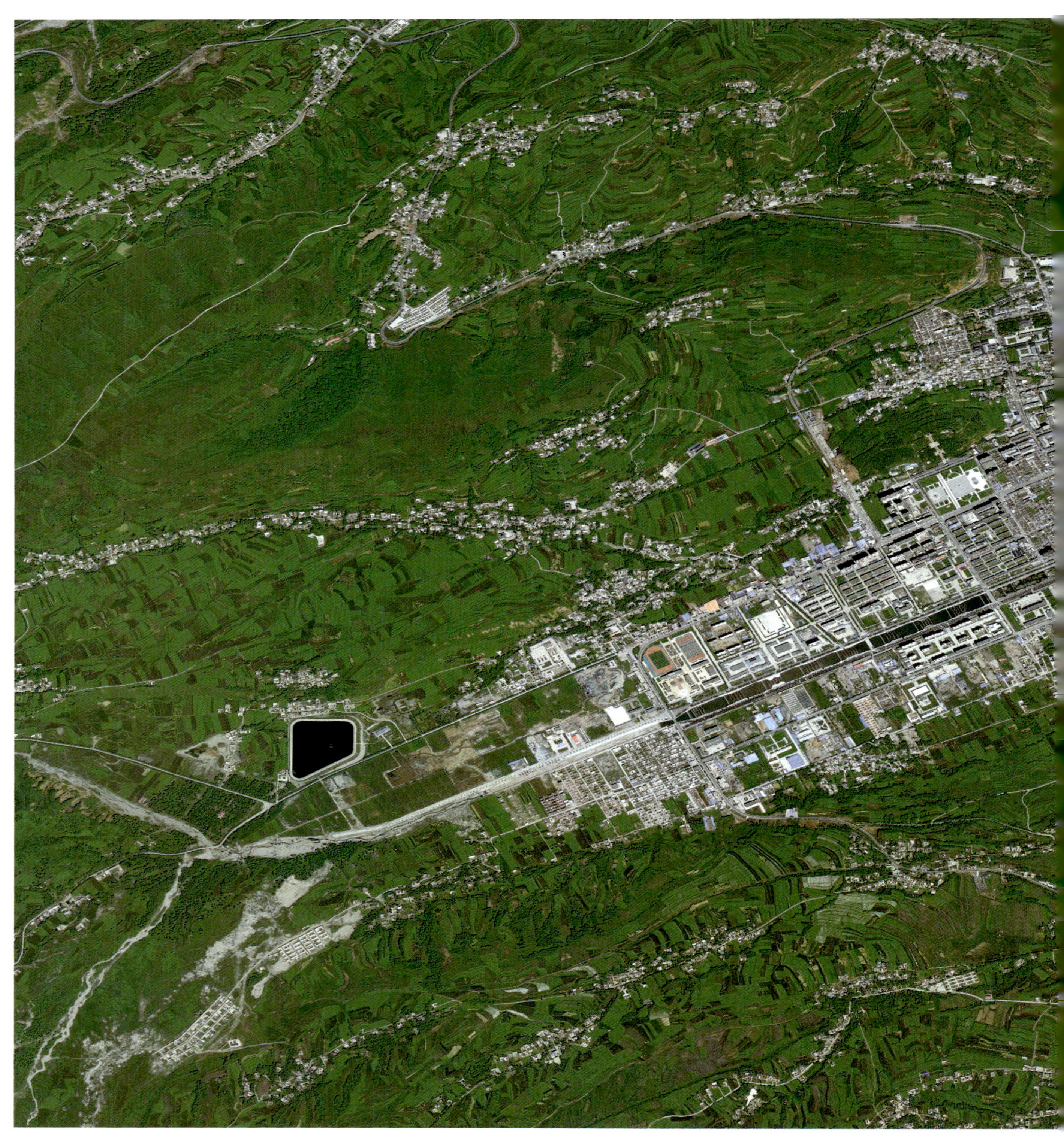

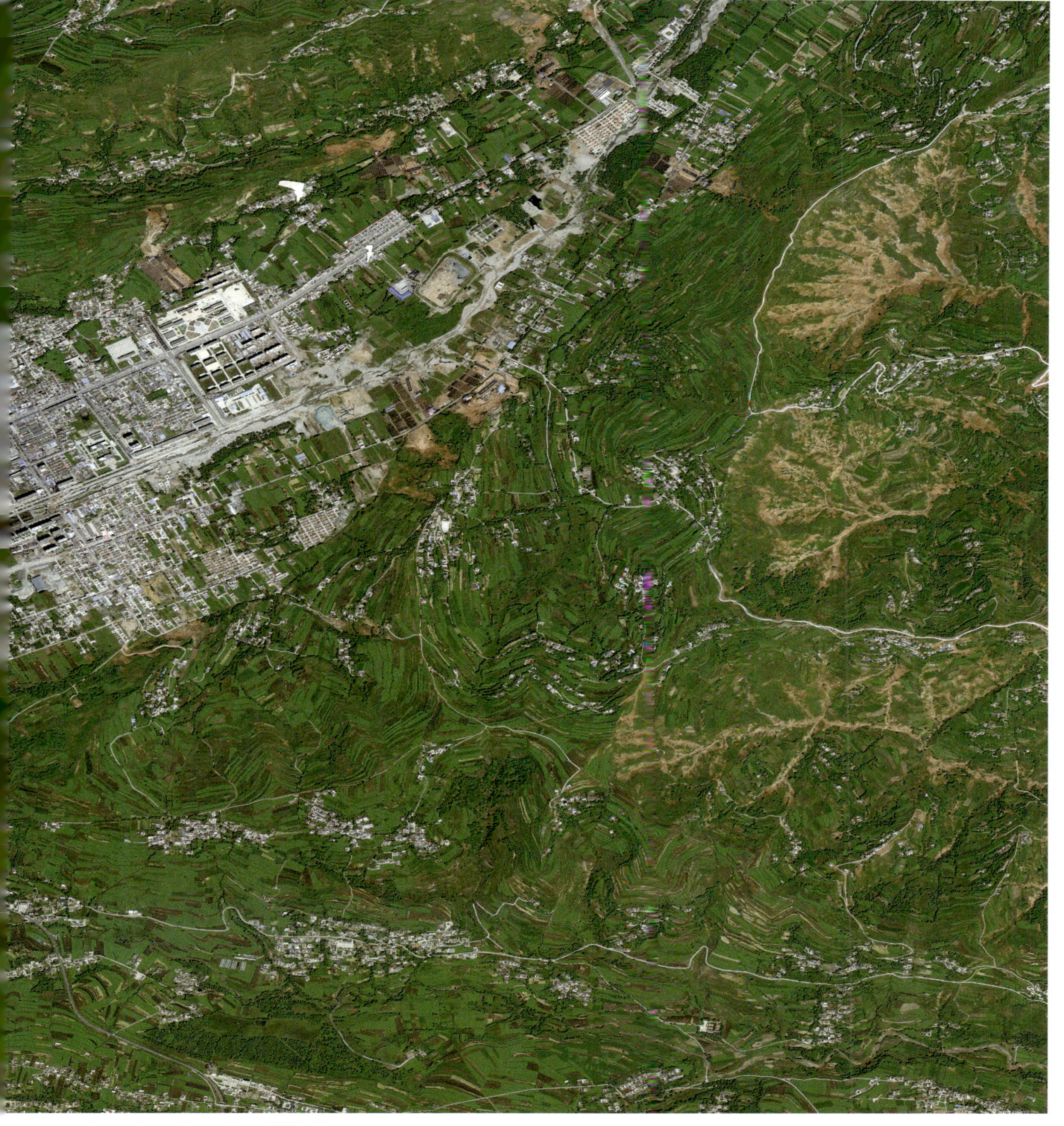

白家沟村搬迁点所在的积石山县城

从 60 万米高空俯瞰，积石山县县城地势平坦、水源充足，如同夹在两山间的狭长绿洲。卫星记录了县城近年来的变化，高楼建起、区域扩大。山上村民们的陆续迁入，让这里成为全县境内最具活力的希望之地。

为了让易地搬迁贫困户安家又“安心”，县城安置小区通过开展劳务技能培训、组织定向劳务输转、引导扶贫车间就业等多种措施，确保搬下山的每户困难家庭至少有 1 人实现稳定就业。

这些扶贫措施的推进，在地表上也留下了深深的印记。在县城西侧，积石山县与福建省厦门市海沧区开展东西部扶贫协作建成的山海协作产业园从无到有。

缝纫机嗒嗒作响，40 岁的保安族妇女妥卖言每天在扶贫车间里缝制雨伞。她操作熟练，短短几分钟，伞骨和伞面便“融”为一体，一天下来可以挣到 90 多元。妥卖言感到非常幸福，以前，除了照顾老人和孩子，就是种地劳作。在山上居住时，解决生存问题占据了她的全部身心。现在，山海协作产业园扶贫车间带给她的稳定收入，让她掌握了更多的生活主动权。

在中国，扶贫从来不是一地一人的事，而是全党全社会共同的事。中国共产党坚持政府投入的主体和主导作用，深入推进东西部扶贫协作，党政机关定点扶贫，军队和武警部队扶贫，社会力量参与扶贫，构筑了全社会扶贫强大合力。正是在这股合力的推动之下，许许多多的白家沟村才真正实现了穿越式的“改天换命”。张登普们，再也不会为“断头路”所累。

走出“断头路”，改善的不仅是生存空间，更滋养了这里的人们对生活的热情追求。党的十八大以来，随着形形色色的“断头路”被打通，白家沟村所在的临夏回族自治州累计有 53.07 万贫困人口摆脱贫困，迎来了历史性的脱贫奇迹。

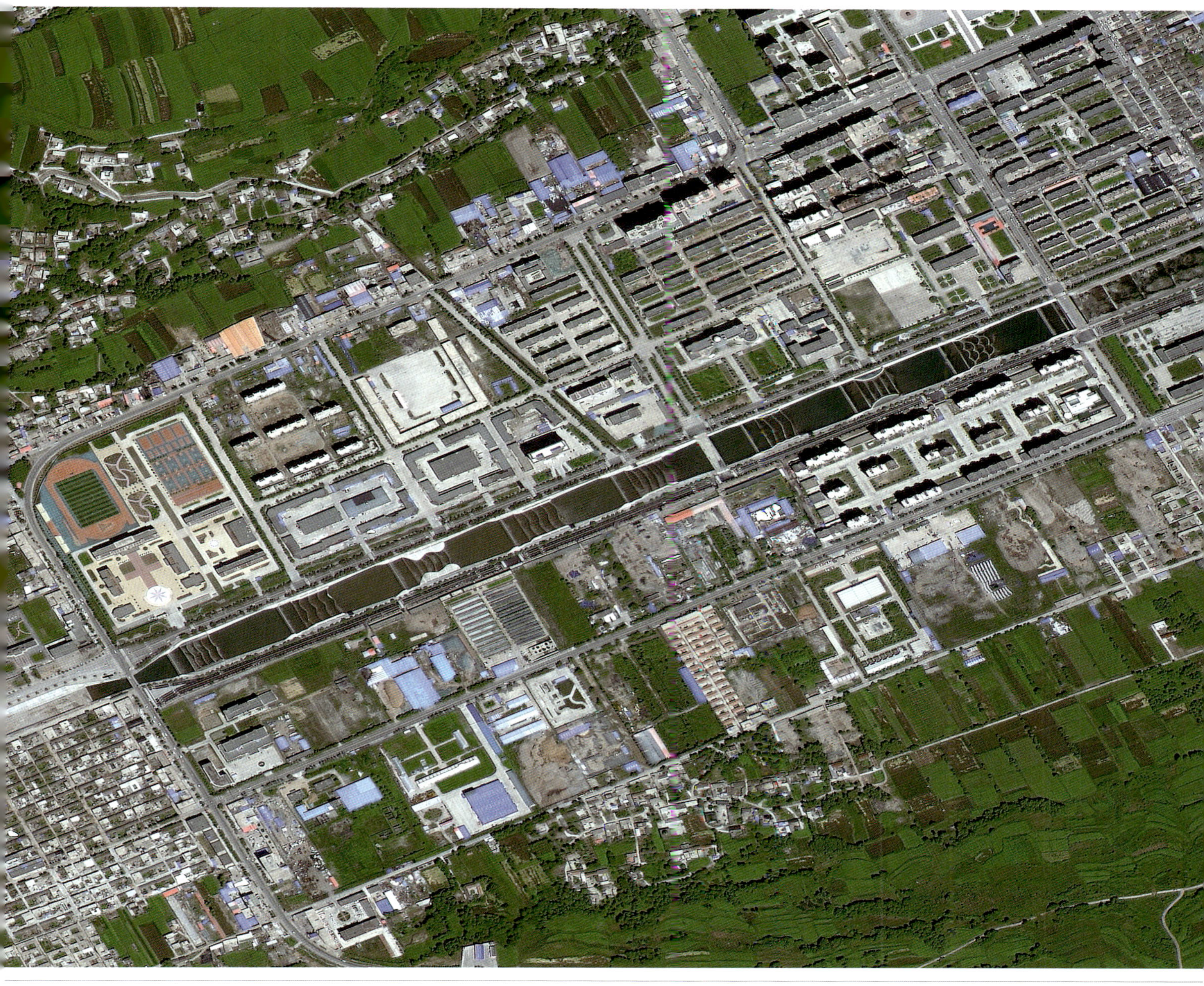

积石山县山海协作产业园

搬入新社区

迁往宜居之地，是精准扶贫、彻底改写穷困命运的重要举措。

在这场创造奇迹的脱贫攻坚战役中，8 年时间全国有 960 万贫困人口搬入新社区，完成了家族历史上最重要的一次迁徙。

云南省怒江州泸水市大兴地镇维拉坝珠海社区（拍摄时间：2020 年）

维拉坝珠海社区是珠海市对口怒江州援建的易地扶贫搬迁安置重点项目。从空中俯瞰，一栋栋戴着“灰帽子”的暖黄色楼房依次排布。除安居住房外，维拉坝珠海社区还规划建设了社区党群服务中心、格力小学和格力幼儿园、养老服务中心、综治中心和警务室、农贸市场，以及社区图书馆、自来水厂、污水处理站等配套公共服务设施，为搬迁群众提供舒适的生活环境。

云南省怒江州泸水市上江镇城墙坝和谐社区（拍摄时间：2019 年）

城墙坝和谐社区安置规模 2 562 户 9 951 人，共建有 42 栋楼宇。其中，安置房 37 栋、2 901 套，民俗中心 1 栋，小学 3 栋，幼儿园 1 栋，同时配套建设有基础和公共服务设施。

西藏自治区拉萨市曲水县才纳乡四季吉祥村（拍摄时间：2018 年）

四季吉祥村西濒拉萨河，南临贡嘎机场，交通便利，地肥水美，是西藏自治区首批易地扶贫搬迁安置点之一。在脱贫攻坚战役中，以万亩乡土苗木良种繁育基地、中藏药种植基地、传统手工业等项目为依托，四季吉祥村不断探索脱贫增收新模式，帮助易地搬迁群众迈入小康，迈向乡村振兴的美好未来。

卫星之眼，在雅鲁藏布江河谷，发现了一片迅速生长的居民社区——西藏自治区山南市贡嘎县幸福家园社区。这里的新居民们来自海拔 4 800 米以上的牧区，年逾 70 岁的达瓦次仁即是其中之一。

达瓦次仁曾是那曲市双湖县嘎措乡的牧民，在他一生中，一共经历了两次大迁徙。一次是 1976 年的年初，一次是 2019 年的年底；一次是为了求生存，一次是为了好生活；一次从很高搬到最高，一次从“云端”搬到河谷。无论哪一次，都让他刻骨铭心。

第一次迁徙时，达瓦次仁 28 岁。那一年，他把 3 岁的女儿扶上瘦削的牦牛背，赶着牛羊跟“北迁”大部队整整走了 27 天，目的地远达数百千米，却连准确的名字也没有。他知道，那里曾被旧西藏领主们描述成阴森恐怖的“鬼地”，但他不知道，那极高极寒的无人区，后来会成为“世界海拔最高县”。

乡愁难舍，故土难离，是什么让他们背井离乡迁往“鬼地”？

“不搬不行啊！”曾任双湖县嘎措乡党委书记的白玛老人说，“现在的双湖县本是那曲市申扎县的一部分，当时申扎的人畜都挤在南部，牧民常因抢草场打架。”

为解“草少人多”的困局，当地干部把目光投向北部无人区。

无人区盐湖众多，旧时的一些牧民为讨生活，冒险跑到那里驮盐换粮，却意外发现“鬼地”另有“秘境”：虽极度高寒，但有些地方水草不错。但是否适合成规模迁入？是否适合长期居住？自 1971 年起，时任申扎县县长的洛桑丹珍 4 次带队前往无人区考察。

这一寻找生存领地之旅，异常艰苦悲壮。有时，几天喝不上水，只好口含生肉——后来顺着野驴蹄印才找到水源；有时，熟睡中一阵大风就把帐篷吹跑了。好在罪没有白受，考察发现“鬼地”确有不少地方水草丰茂，藏羚羊、藏野驴、野牦牛等野生动物成群奔跑。

千条万条，水草是牧民活下去的第一条。与其都挤在南部没饭吃，不如向北“逐水草”开拓新天地。1976 年初，西藏自治区党委、政府正式决定组织群众开发无人区——那个后来叫双湖的地方。就这样，达瓦次仁踏上了挺进藏北的迁徙之旅。

西藏羌塘国家级自然保护区那曲市管理局亚阿木管理站

新华社记者　李贺 · 摄

坐落在那曲市双湖县境内的无人区，这里是野生动物的天堂。

2020 年 8 月 5 日拍摄的西藏自治区那曲市双湖县县城一景

新华社记者　李贺 · 摄

那是一次“说走就走”的远征。

“当时真叫‘一穷二白’，两顶帐篷就是全部家当。”坐在山南市贡嘎县雅鲁藏布江边宽敞明亮的新居里，达瓦次仁回忆起那次大迁徙，仿佛就在昨天。

“一会儿烈日，一会儿飘雪……”听着他对迁徙险途的描述，似乎还能听到当年的风雪声，“有时风沙一起，牛羊都找不着。”

没车，没路，没导航！牧民们上看日月星辰，下辨山草湖沼，拖家带口，驱牛赶羊，近一个月终于“摸”到了完全陌生的“新家”。除了水草多些，“新家”并不“友好”——平均海拔 5 000 多米，空气含氧量仅为内地的 40%，每年 8 级以上大风天超 200 天，堪称“生命禁区”中的禁区。

建设新家园，一切都要从零开始。牛羊圈，是现垒的；石头，也是现找的……

除了嘎措乡，其他几个乡数千牧民也陆续搬到这片面积近 12 万平方千米、比浙江省还大的亘古荒原。

1976 年，这里设立了双湖办事处。

2012 年，国务院批复成立双湖县——这也是我国最年轻的县、海拔最高的县。

“再也不用争草场了。”这是达瓦次仁搬到双湖后最欣慰的事。

命运总是眷顾奋斗者。渐渐地，新家园有了模样：路通了，有电了，能吃上糌粑了，帐篷变土房了……

2019 年 1 月 31 日拍摄的双湖县嘎措乡一景

新华社记者　普布扎西 · 摄

双湖是眼睛的天堂。“过客”们会惊叹这里的辽阔壮美、诗情画意。

双湖是身体的地狱。对于常年生活在这里的人来说，他们更多地要体味大自然残酷的一面。比起搬迁前，尽管多数牧民越过越好，但在这个被称为“人类生理极限试验场”的地方，想过上高质量的生活，并不容易。

高原病多发，就医就学就业难度大，贫困发生率曾高达 35.67%，双湖“毫无悬念”地成为全国深度贫困县。直到 2013 年，党中央提出“精准扶贫”，全面打响脱贫攻坚战，双湖改变的时刻终于到了。

“全面小康路上一个也不能少”，习近平总书记代表中国共产党作出的承诺掷地有声，双湖没有因“远在天边”而被遗忘。

组建现代合作社破解牧业发展难题，在援藏工作队的帮助下开发高原湖卤虫卵产业，探索“羌塘高原原生态体验游”……双湖人使出十八般武艺。通了柏油路，接入大电网，土房换瓦房……贫困人口一个一个减少。但全面小康绝不仅仅是温饱，随着脱贫决战攻进“最后堡垒”，双湖人发现，有些难题单靠“就地扶贫”这招不灵了——青少年发育偏缓，不少牧民深受高原病折磨，全县人均寿命仅 58 岁，比西藏全区人均预期寿命低 12 岁……

此外，当地草场正以每年 3% ~ 5% 的速度加剧退化，加之双湖一半以上面积在羌塘国家级自然保护区内，人畜和野生动物的矛盾也日益凸显。

认识总是在实践中提高：北迁双湖，更多的是生产力相对落后时代的一种“权宜之策”；走向小康，不能只在“就地扶贫”的传统思路上绕圈圈。彻底断掉穷根，过上更高质量生活，还是离不开一个字——搬。

2018 年 8 月 3 日，几头藏野驴在西藏那曲市双湖县嘎措乡附近的湖畔漫步

新华社记者　王沁鸥 · 摄

2020 年 8 月 15 日，几只藏羚羊出现在那曲市双湖县西藏羌塘国家级自然保护区

新华社记者　李贺 · 摄

2018 年，西藏自治区党委政府决定实施极高海拔地区生态搬迁规划。达瓦次仁，也迎来了人生第二次大迁徙。这一次，达瓦次仁 71 岁。

他把家人领上冬日里的温暖大巴，跟着搬迁车队浩浩荡荡走了两天，目的地叫森布日，在拉萨之南。他知道，那里是海拔降了 1 000 多米、气候更加温润的雅鲁藏布江河谷；他也知道，可“拎包入住”的宽敞新居正等着他们。

从拉萨翻过一座山，就是达瓦次仁的新家贡嘎县森布日村。这里是西藏极高海拔地区生态搬迁安置点，离拉萨机场仅 10 多千米，不时有客机擦着白云从低空划过，远远就能看到各家房顶飘扬的五星红旗。雅鲁藏布江边，一栋栋崭新的二层藏式民居整齐伫立，学校、医院、超市等一应俱全。

“这哪像‘村’啊，分明是高档社区！”达瓦次仁记得，当时不知谁说了这么一句。

“惊喜！”在明亮洁净的藏式客厅里，达瓦次仁穿着印有硕大格桑花的黑 T 恤，激动地描述着踏入新居时的心情，“做梦也没想到古稀之年还能住上这样的好房子。”

门牌上写着“150 平方米”，洗衣机、电视机、煤气灶等一件不少，光冰柜、冰箱就有好几个。那一天，达瓦次仁像个孩子，向我们展示满得快合不上盖的冰柜里的牛羊肉，唠叨起搬到双湖前的“艰难岁月”：那时一天只有两顿饭，吃糌粑就是梦想的幸福生活。

两次迁徙三个家，从两顶帐篷到一座土屋，再换成瓦房，又搬进楼房，达瓦次仁的“家史”，浓缩了半个多世纪西藏人民的奋斗史、进步史。

2019 年底，双湖县脱贫摘帽。

数据显示，脱贫攻坚以来西藏已累计脱贫 62.8 万人——这个我国唯一的省级集中连片特困地区，74 个贫困县（区）已全部摘帽。

“我想要穷者远离饥荒，我想要病者远离忧伤。”大型史诗剧《文成公主》中，松赞干布吟唱的这个“千年愿望”，正在新时代变成现实。

2019 年 12 月 23 日拍摄的西藏那曲市双湖县牧民的迁徙车队

新华社记者　觉果 · 摄

这一次，西藏那曲市双湖县嘎措乡、措折羌玛乡、雅曲乡共 2 900 人，告别了平均海拔 5 000 米的家乡，经过近千千米搬迁到海拔相对较低的藏南雅鲁藏布江南岸的贡嘎县境内。这是西藏自治区近年来实施的极高海拔生态搬迁项目之一，双湖县三个乡的整体搬迁是其中人数最多、跨度最远的一次搬迁。

这是 2020 年 9 月 24 日拍摄的位于雅鲁藏布江中游北岸的贡嘎县森布日极高海拔地区群众生态搬迁安置点——幸福家园社区

新华社记者　孙非 · 摄

2020 年 8 月 24 日，在贡嘎县森布日幸福家园社区九年一贯制学校，刚开学的孩子们搬新书

新华社记者　孙非 · 摄

中央政府 10 年来向西藏教育投入超过 1 600 亿元。

西藏自治区山南市贡嘎县森布日幸福家园社区

新华社记者　胡超 · 摄

未来，这个“超级社区”，将有超过 10 万人居住。他们腾退的相当于 21 个北京大小的藏北家园重归壮美、自由的荒野。

跳出千百年的生存逻辑，中国共产党带领人民，在“三区三州”尝试着新想法，与山林湖水共存，依靠科学、教育和新型产业，最终收获了丰足的生活。这是人类历史上规模最大、力度最强的脱贫攻坚战，不到 10 年，近 1 亿人实现脱贫，这样美好的奇迹，就发生在我们身边，一个又一个家族，因此改变了世代传承的生活方式，第一次摆脱了贫困的宿命。这一切，都被太空中的卫星见证着。

合
千年
梦圆

“我们在脱贫以后还要致富，还要走一个现代化的道路。
我们现在正在这样的一个路程上。”
习近平总书记强调，脱贫攻坚取得胜利后，
要全面推进乡村振兴。中央决定对摆脱贫困的县，
从脱贫之日起设立5年过渡期，
逐步实现由集中资源支持脱贫攻坚，
向全面推进乡村振兴平稳过渡。
锦绣大地上，乡村振兴战略正如火如荼展开。

全面建成小康社会是实现中华民族伟大复兴中国梦的关键一步，贫困人口脱贫又是全面建成小康社会的底线任务和标志性指标。

“我们不能一边宣布实现了全面建成小康社会目标，另一边还有几千万人口生活在扶贫标准线以下。”习近平总书记的话语重若千钧。

“民亦劳止，汔可小康。”从纵贯千年的朴素理想，到激荡百年的奋斗历程，全面小康迎来“建成”的决定性阶段，擂响“决战决胜”的战鼓。一场锚定全面建成小康社会目标、聚力攻克深度贫困堡垒的脱贫攻坚战在全国范围全面打响。

这，是一场任务艰巨又必须打赢的战役！

当时，中国农村有近 1 亿人口生活在扶贫标准线下，都是难啃的“硬骨头”。非常之事，必用非常之举——

2015 年 11 月，中央扶贫开发工作会议召开。中西部 22 个省区市党政主要负责同志在印有党徽的脱贫攻坚责任书上签下名字。

习近平总书记严肃地说：“这就是你们给中央立下的军令状。”

在此基础上，省、市、县、乡、村层层签订脱贫攻坚责任书。

贵州省剑河县南明镇台沙村驻村第一书记杨精泽（左）与村民在合作社里喂鸡（2017 年 6 月 7 日摄）

新华社记者　杨文斌 · 摄

党中央一声令下，脱贫攻坚战场万马奔腾。25.5 万个驻村工作队、300 多万名第一书记和驻村干部，同近 200 万名乡镇干部和数百万村干部冲锋陷阵。习近平总书记也亲自上阵，50 多次调研扶贫工作，足迹遍及 14 个集中连片特困地区，翻山越岭到 20 多个贫困村访贫问苦，并提出精准扶贫精准脱贫方略，“六个精准”“五个一批”“两不愁三保障”等措施，指引着脱贫攻坚战的方向。

经过英勇战斗，现行标准下 9 899 万农村贫困人口全部脱贫，832 个贫困县全部摘帽，12.8 万个贫困村全部出列。这样美好的奇迹，就发生在我们身边，一个又一个家族，因此改变了世代传承的生活方式，第一次摆脱了贫困的宿命。而在这场人类历史上规模最大、力度最强，但却没有硝烟的战场上，1 800 多名党员、干部牺牲。他们的付出和贡献，生动诠释了共产党人的初心使命。

2021 年 2 月 25 日，习近平总书记庄严宣告：我国脱贫攻坚战取得了全面胜利。

2021 年 7 月 1 日，在庆祝中国共产党成立 100 周年大会上，习近平总书记再次庄严宣告：经过全党全国各族人民持续奋斗，我们实现了第一个百年奋斗目标，在中华大地上全面建成了小康社会。

风雨百年，青史可鉴。中华民族孜孜以求的千年梦想，在此刻成为现实；中国共产党人坚持不懈的百年奋斗，在此刻结出硕果。在中华民族伟大复兴的历史征程上，一座新的里程碑巍然矗立！全面小康的中国，正是梁启超在兵荒马乱中畅想的“雄飞时代”，正是李大钊在沉沉黑夜中向往的“青春之国家”，正是方志敏在敌人监狱中憧憬的“可爱的中国”。建党百年之际，全面小康梦圆，站立“如您所愿”的盛世，告慰先辈，昭示未来——“今天，我们比历史上任何时期都更接近、更有信心和能力实现中华民族伟大复兴的目标”。

这是中华民族的伟大光荣。今天的小康社会是一个经济发展、政治民主、文化繁荣、社会和谐、生态优美、人民幸福的全面发展进步的社会，超越了中国历史上的“治世”和“盛世”。中华民族朝着伟大复兴目标迈出了新的一大步，意气风发向着全面建成社会主义现代化强国的第二个百年奋斗目标迈进。

俯瞰四川省阿坝县麦昆乡新村田园一角

新华社记者　江宏景・摄

这是中国人民的伟大光荣。改革开放以来，我国有7.7亿农村贫困人口摆脱贫困，绝对贫困问题得到历史性解决，小康生活托起14亿多中国人民的获得感、幸福感、安全感。一扫千百年来“小康何敢望，生计且支撑”的喟叹，中国人民充满自信，向共同富裕的目标扎实前进，创造更加美好的生活。

这是中国共产党的伟大光荣。自改革开放之初党中央提出小康社会的战略构想以来，我们党把人民对美好生活的向往作为奋斗目标，几代人一以贯之、接续奋斗。从解决人民温饱问题到推动人民生活总体达到小康水平，从全面建设小康社会到全面建成小康社会，共产党人一步一个脚印，如期兑现了庄严承诺，写下了彪炳史册的光辉篇章。

一百年前，中华民族呈现在世界面前的是一派衰败凋零的景象。今天，中华民族向世界展现的是一派欣欣向荣的气象。抚今追昔，沧桑巨变带给人们深沉的思考。在中华民族发展史上，全面建成小康社会是亘古未有的伟大跨越，充分彰显了中国共产党的领导和中国特色社会主义制度优势，极大增强了人们的“四个自信”，为实现中华民族伟大复兴提供了更为完善的制度保证、更为坚实的物质基础、更为主动的精神力量。

在人类发展史上，占世界人口近五分之一的中国全面消除绝对贫困，提前10年实现《联合国2030年可持续发展议程》减贫目标，创造了前所未有的伟大奇迹。中国共产党团结带领人民全面建成的小康社会，是人类有史以来惠及人口最多、规模体量最大的小康社会，为促进全球人类福祉的整体性提升作出了重大贡献。社会主义中国全面建成小康社会的理论和实践，拓展了发展中国家走向现代化的途径，给世界上那些既希望加快发展又希望保持自身独立性的国家和民族提供了全新选择，为解决人类问题贡献了中国智慧和中国方案。

历尽天华成此景，人间万事出艰辛。党的十八大以来，在一代代人艰苦奋斗的基础上，以习近平同志为核心的党中央统筹中华民族伟大复兴战略全局和世界百年未有之大变局，对全面建成小康社会作出一系列重要论述和重大部署，科学回答了“建设一个什么样的全面小康社会”“如何建成全面小康社会”等重大理论和实践问题，吹响了决胜全面建成小康社会的冲锋号。

从坚持和加强中国共产党的全面领导，统筹推进“五位一体”总体布局、协调推进“四个全面”战略布局，到坚持和完善中国特色社会主义制度、推进国家治理体系和治理能力现代化；从以新发展理念统领发展全局，到坚定不移深化改革、扩大开放；从组织实施人类历史上规模空前、力度最大、惠及人口最多的脱贫攻坚战，到统筹发展与安全，战胜一系列重大风险挑战；从维护人民健康安全，到促进社会公平正义；从坚定不移推进生态文明建设，到推动社会主义文化大发展、大繁荣……在习近平新时代中国特色社会主义思想的科学指引下，在以习近平同志为核心的党中央坚强领导下，全党全国各族人民攻坚克难、顽强拼搏，奋力实现了全面小康社会由“建设”到“建成”的“惊人一跃”，在神州大地上铺展着无比壮美的发展画卷。

这幅壮美画卷，镌刻着中国共产党人矢志不渝的初心使命。“为有牺牲多壮志，敢教日月换新天。”为了人民幸福，广大党员、干部勇往直前以赴之，艰苦奋斗以求之，不遗余力以成之，诠释了“我将无我，不负人民”。他们是无怨无悔的奉献者：截至 2020 年底，1 800 多人牺牲在脱贫攻坚征程上，大多数是共产党员。他们是勇挑重担的担当者：“看到希望才去干，是投资；因为干了而看到希望，才是党员的使命”，在改革开放最前沿，在问题矛盾最集中的地方，在人民最需要的时刻，共产党员挑起最重的担子、啃下最硬的骨头。他们是创造幸福生活的带头人：领导干部精心谋划一方发展，“第一书记”为乡亲们的好日子殚精竭虑，社区干部牵挂着家家户户的所思所盼……

“有人问我，为什么做这些？其中有我对这片土地的感恩，更多的则是一名共产党员的初心和使命。”在“七一勋章”颁授仪式上，张桂梅的发言引发强烈共鸣。这位“燃灯”校长背后，站立着千千万万心系人民、无私奉献的共产党员。舍小我成大我，以生命践行使命——全面小康是人民的小康，在亿万人民心中树立起一座座中国共产党人的精神丰碑。

这幅壮美画卷，书写着中国人民奋斗圆梦的感人故事。涓滴细流，汇成江海。全面建成小康社会，每一个奋斗者都是奇迹的创造者。在曾经“苦甲天下”的宁夏西海固，在一度被认为“不具备人类生存条件”的甘肃定西，乡亲们怀着“宁愿苦干、不愿苦熬”的信念，用勤劳的汗水浇灌出幸福生活；在河北塞罕坝，在山西右玉，人们一年接着一年干、一代接着一代干，创造了令人震撼的绿色奇迹；在科研院所，在实验室，科技工作者攻关不停，攀登一个又一个创新高峰……

西藏山南生态搬迁点的小康生活图景

新华社记者　孙非 · 摄

图中为山南市贡嘎县森布日村的矮化苹果种植园，其左侧为易地扶贫搬迁安置点民居，右侧为雅鲁藏布江

塞罕坝国家森林公园晨景

新华社 · 发　刘满仓 · 摄

最平凡的双手，可以创造最伟大的奇迹；最坚实的脚步，可以抵达最辽阔的远方。亿万人民的拼搏，构成小康路上最美的风景；中国人民的奋斗精神，为国家发展注入了生生不息的强劲动力。全面建成小康社会的伟大实践再次证明：人民是历史的创造者，是真正的英雄。

这幅壮美画卷，蕴含着中国共产党为什么“能”、马克思主义为什么“行”、中国特色社会主义为什么“好”的成功密码，为我们全面建设社会主义现代化国家、实现第二个百年奋斗目标带来深刻启示。

办好中国的事情，关键在中国共产党。全面建成小康的社会实践充分证明，中国共产党领导是中国特色社会主义最本质的特征，是中国特色社会主义制度的最大优势。新的征程上，必须坚持中国共产党的坚强领导，更加紧密地团结在以习近平同志为核心的党中央周围，增强“四个意识”，坚定“四个自信”，做到“两个维护”，充分发挥中国共产党总揽全局、协调各方的领导核心作用，把制度优势更好地转化为治理效能。

一切为了人民，一切依靠人民。全面小康，是党和国家的奋斗目标，也是亿万人民的共同期盼。中国共产党与人民心心相印、与人民同甘共苦、与人民团结奋斗，书写了造福人民的历史新篇章。新的征程上，必须践行以人民为中心的发展思想，着力解决发展不平衡不充分问题和人民群众急难愁盼问题，充分激发蕴藏在亿万人民之中的创造伟力，团结带领中国人民不断为美好生活而奋斗，紧紧依靠人民创造新的历史。

发展是解决所有问题的关键。全面建成小康社会，归根结底也是发展问题。中国共产党紧紧抓住发展这个第一要务，不断解放和发展生产力，持续提高发展质量，推动经济社会实现全面、协调、可持续的发展，让发展成果更多更公平惠及全体人民，为全面建成小康社会提供了最为坚实的保障。新征程上，要立足新发展阶段，完整、准确、全面贯彻新发展理念，构建新发展格局，推动高质量发展，全面深化改革开放，以经济社会发展的新成就为全面建设社会主义现代化国家、实现第二个百年奋斗目标夯实基础。

全面建成小康社会不是终点，而是新生活新奋斗的起点。全面建成社会主义现代化强国，使命更光荣、任务更艰巨、挑战更严峻、工作更伟大。新的征程上，锚定伟大目标，坚持求真务实，科学制定发展规划，发扬钉钉子精神狠抓落实，踔疾步稳向前进，我们就一定能创造令世界

这是中国共产党历史展览馆（2021 年 6 月 18 日摄）

新华社记者　岳月伟 · 摄

刮目相看的新奇迹。

肩负新使命，9 500 多万名中国共产党党员团结带领中国人民踏上了实现第二个百年奋斗目标新的赶考之路；心怀新憧憬，14 亿多中国人民为更加美好生活继续拼搏。逐梦无止境，扬帆再出发。眺望未来，历史进程不可阻挡，光明前景升腾在世界东方——在中国共产党的坚强领导下，在全国各族人民的不懈奋斗中，全面建成社会主义现代化强国的目标一定能够实现，中华民族伟大复兴的中国梦一定能够实现！